# 실력파 모델러의
# 프라모델 붓도색 테크닉

AK HOBBY BOOK

# CONTENTS

# 들어가며

이 책에 「이렇게 칠해야만 한다」는 내용은 없습니다.

붓도색을 즐기는 모델러가, 자신이 표현하고 싶은 방법으로 칠했습니다.

전부 그런 작품이니까, 틀림없이 여러분의 마음을 자극하는 것도 있습니다.

붓도색은 붓을 통해서 모형을 접하며, 우리와 모형을 더 이어주는 즐거운 놀이입니다.

지금은 붓도 도료도 좋은 것들이 많으니까, 오래전 소년 시절에 실패한 트라우마가 있는 분,

그냥 왠지 어려워 보여서~라고 생각하며 안 하셨던 분도 안심하세요.

이 책을 읽고, 꼭 눈앞에 있는 모형에 한 색이라도 좋으니까 붓으로 색을 칠해보세요.

그 첫걸음이, 틀림없이 당신의 모형 라이프에 새로운 가치관과 즐거움을 선사해줄 것입니다.

그리고 칠해본 당신은, 오늘부터 「붓도색 트라이브」의 동료.

어서오세요, 붓도색 프라모델의 세계에!!

# 요코야마 코우의 붓도색 스타일

*Kow Yokoyama's Brush Painting Style*

**요코야마 코우** *Kow Yokoyama*
일러스트레이터, 조형 작가
1956년 일본 후쿠오카현
키타큐슈시 출생
도쿄 거주
무사시노 미술대학 일본화학과 졸업
동 대학 시각 전달 디자인 학과 강사
일본 SF 작가 클럽 소속

## 좋아하는 프라모델과 붓도색으로 오랫동안 어울려보자

일러스트레이터, 조형 작가 요코야마 코우 씨는 '프라모델 붓도색은 재미있다! 아니, 모형은 엄청나게 재미있다!'라고, 국내외의 많은 사람들에게 전하고 있습니다. 특히 본인이 탄생시킨 'SF3D 오리지널'을 비롯한 「Ma.K」(마시넨 크리거)에서는, 등장하는 메카닉과 피규어를 붓으로 도색했고, 그것을 본 많은 모델러들을 붓도색의 매력에 빠지게 했습니다. 이 책에서 작례를 제작하고 있는 모델러 중에도 요코야마 씨의 작품에서 영향을 받은 분들이 많습니다. 그야말로 붓도색 트라이브, 붓도색 부족의 족장이라고 할 수 있는 존재입니다. 그런 우리의 족장 요코야마 씨에게 붓도색의 즐거움과, 모형을 오랫동안 즐기는 비결에 대해 들어봤습니다.

(인터뷰어/ 탄 후미토시)

## ■ 공구와 재료가 다가 아니다! 계절과 생활 환경도 고려해보자!

**요코야마 코우(이하 요코)** : 결론부터 말하겠습니다. '이 책이 나오는 가을이나 겨울만큼 모형에 적합하지 않은 계절은 없다'입니다.

**—갑자기 세게 나오시네요! 그건 어떤 뜻일까요?**

**요코** : 좀 거창하게 말했는데, 계절마다 문제가 있다는 뜻입니다. 종종 '도색의 가을이다!'라고 하잖아요. 사실 가을, 겨울은 '정전기'가 아주 잘 발생하는 계절이라서, 모형을 도색하다보면 나도 모르는 사이에 '슝~~'하고, 작은 먼지가 와서 달라붙습니다. 그게 에어브러시 도색은 물론이고 붓도색에서도 똑같다는 얘기죠. 먼지가 날아오고, 정전기 때문에 붓에 적신 도료가 엉뚱한 곳에 칠해진다든지, 그리고 기온이 낮으니까 도료 건조도 늦어지죠. 가을, 겨울에도 많은 문제가 있습니다.

**—그러니까, 각 계절의 특성을 아는 것도 중요하다는 말씀이신가요?**

**요코** : 맞아요. 여름은 습도가 높아서 에어브러시에서 물이 나온다! 라는 얘기도 많이 하는데, 요즘은 좋은 수분 필터가 많으니까, 장비만 잘 갖추면 괜찮습니다. 그리고 에어컨 성능도 좋으니까, 제습을 잘 한 뒤에 도색하는 것도 중요하죠. 도색을 잘 하기 위해서는 그런 사소한 부분까지 신경을 쓰는 게 중요합니다. 그렇게 되면 여름만큼 도색하기 편한 계절도 없습니다. 기온이 높아서 도료가 금방 마르죠. 모형 만드는 데는 가을, 겨울보다 훨씬 좋은 계절입니다. 정말로. 12월에 나오는 책인데 이런 소리 해서 미안해요.

**—이러다간 가을, 겨울에는 붓도색만 하게 될 것 같네요. 해결책을 가르쳐주세요.**

**요코** : 간단합니다. 가습기를 쓰거나, 방안에 빨래를 널어놓기만 해도 바로 좋아집니다. 그냥 그거면 됩니다. 사소한 환경 갖추기를 시도해보세요.

## ■ 붓도색은 「접촉형 모형」!! 그래서 애정이 몇 배가 된다

**요코** : 동물 분양 행사 등에서 개나 고양이를 안아보면 이대로 집에 데려가고 싶어지죠. 케이지 너머로 '귀엽다~~'하면서 보고 있기만 해서는 그런 기분이 들지 않습니다. 건드리면 끝장. 바로 그 동물의 포로가 돼버리는 거죠. 붓도색도 마찬가지인데, 붓을 통해서 모형을 건드리고, 그 전에 붓을 들지 않은 손으로 부품을 잡고서 칠하잖아요? 그냥 거기서 끝난 겁니다. 붓과 손으로 확실히 접촉하면서 모형을 즐기고 있으니까, 그 모형에 대한 애정이 몇 배로 커지는 거죠.

**—붓도색의 즐거움은 '도색'에 있군요.**

**요코** : 맞아요. 저는 붓도색을 '접촉형 모형', 에어브러시 도색은 '비접촉 모형'이라고 합니다. 에어 기타 같은 거죠. 물론 에어브러시 도색도 많이 하고 정말 재미있기는 한데, 직접 손으로 건드리는 게 아니다 보니, 일한다는 기분이 들 때가 있습니다. 접촉하면서 모형과 더 이어지는 거죠. 붓도색은 모형과의 거리를 아주 가깝게 해줍니다.

▲에어브러시 도색은 모형과 직접 접촉하지 않아서 깔끔하게 칠할 수 있습니다.

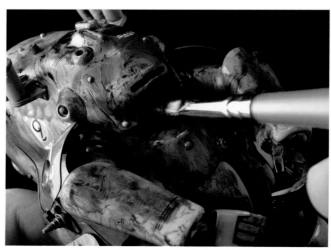

▲붓도색은 기본 도색에서도 웨더링에서도 크게 활약!

## ■ 붓을 소중히… 아기 피부라고 생각하면서. 그리고 안전모는 안전제일.

**─붓도색 이야기다운 분위기가 됐네요. 요코야마 씨가 붓을 다룰 때 신경 쓰는 부분을 말씀해주세요.**

요코 : 저는 두 가지 정도 있습니다. 일단 하나는 붓을 '종이로 닦지 않는다'. 또 하나는 '사용한 붓에 뚜껑을 씌운다'입니다. 첫 번째부터 설명하겠습니다. 여기서 '종이'는 종이 팔레트 같은 맨들맨들한 종이가 아니라, 킴스 와이프나 키친 타월, 티슈 같은 걸 말합니다. 종이 팔레트는 붓에 대미지를 안 주지만, 킴스 와이프처럼 눈이 거친 종이로 붓을 닦으면 털이 상해요. 아기

피부를 거친 종이로 벅벅 문지르는 것과 마찬가지죠. 그리고 종이 섬유도 엉키니까 좋을 게 없습니다. 붓을 씻을 때는 부드러운 천이 제일입니다.

또 하나는 '뚜껑'입니다. '뚜껑은 버리세요~~. 수분 때문에 붓이 썩어요~'라고 말하는 사람도 있나 본데, 뚜껑이 있으면 모형 상자가 쓰러지거나 용제 병이 넘어져도 붓을 확실하게 지켜줄 수 있어요. 붓털은 한 번 꺾이면 성능이 뚝 떨어지니까요. 공사 현장에 안전모처럼 뚜껑을 씌우는, 안전제일로 가는 거죠.

### 내가 모르는 누군가가 만들던 것을 이어받은 P-40N

▶제 새로운 모형 라이프인 '모르는 사람이 만들던 것을 이어받아서 즐기는 프라모델'. 그렇게 완성한 것이 이 P-40N입니다. 경매 사이트나 중고 샵에서 구입한 만들다 만 프라모델은, 전 주인이 하고 샵었던 것들이 잔뜩 담겨 있어서 정말 최고입니다. 하고 싶어도 잘 안 됐던 것까지 포함해서, 그 손길을 형태로 만드는 거죠. 이미 부품도 떼어 놨고, 가끔은 제작에 사용하려던 자료까지 같이 오는 경우도 있죠. 그야말로 요리 준비가 다 된 상태입니다. 이제 제가 실컷 개조하거나 추가 동작하고 색만 칠하면 됩니다. 아무튼 즐거운 일이 연속으로 일어납니다.

▶이쪽이 모노그램 1/72 P-40N 워호크. 1/72지만 상당히 큼직합니다. 실제로는 1/65 정도려나? 덕분에 박력 있고 멋지죠~. 공작은 그럭저럭 할 만큼 했는데, 그게 재미있습니다!

## ■ 실패는 오히려 포상! 붓도색이 무섭지 않아지는 비결

**─'붓도색은 어려워 보인다. 실패가 무서워서 손대기 힘들다'라는 분들이 꽤 많아 보입니다. 그런 분들을 응원해주세요.**

요코 : 실패 말이죠~. 저도 칠하기 전부터 엄청나게 실패하거든요. 솔직히 저는 조립이 정말 서툴러요. 제가 조립한 모형, 아마도 전부 접착제를 손으

로 건드린 지문 도장이 찍혀 있습니다. 그런데 그게 좋은 거예요. 그렇게 지문 도장이 찍히면, 사포로 꼼꼼히 다듬고 거기만 먼저 붓으로 색을 칠합니다. 퍼티를 바르는 느낌으로 도료를 발라주면 지문 찍었던 자리도 깔끔해지고, 도료도 부담 없이 칠할 수 있으니까 일거양득. 조립 실패를 숨기기 위해, 붓도색을 했으니까 불안하지도 않고. 그렇게 모형에 붓을 얹는 체험을 반복하면, 정말 무섭지 않아집니다.

그리고 말이죠, 요즘 도료는 성능이 정말 좋아졌으니까 걱정하지 마세요. 차폐력도 강해서 조금만 칠해도 잘 발색합니다. 사람들이 생각하는 '붓자국'이라는 것도, 사실은 '광택 얼룩'입니다. 그래서 '뭔가 얼룩덜룩하네~' 싶으면, 캔 스프레이나 에어브러시로 반광이나 무광 클리어를 뿌려보세요. 전혀 신경 쓰이지 않을 겁니다. 오히려 너무 밋밋해서 허전해질 정도죠. 그러니까 붓자국 같은 건 신경 쓰지 말고, 신나게 팍팍 칠해보세요.

그리고 이게 정말 중요한데, 붓도색 하다가 도료에 먼지 같은 게 묻었다면, 급하게 수정하지 말고 그냥 놔두세요. 다른 부분을 전부 칠하는 사이에 그런 에러가 대미지처럼 보이면서 멋있는 표현이 되기도 하고, 그냥 두고 잘 말리면 수정하기도 쉬워집니다. 날이 둥근 나이프로 간단히 없앨 수 있어요. '사고 쳤다!'는 뭔가를 발견했다는 신호. 포상으로 받아들이고, 다른 곳을 다 칠한 뒤에 다시 한번 보는 게 좋습니다.

## ■ 프라모델을 좋아한다면, 멋있는 프라모델을 보고 칠하자

### —멋있는 붓도색을 하려면 실제 기체나, 모티프가 되는 그림을 보는 것도 좋을까요?

요코 : 다들 '프라모델' 좋아하죠? 그렇다면 '프라모델'을 보고 칠하는 게 좋습니다. 전시회나 인터넷, 모형지에서 '멋있다~'라는 생각이 든 작례를 찬찬히 보세요. 그야말로 '암기'할 정도로. 그 기억을 바탕으로 붓을 놀려보세요. 그러면 실력이 금세 늡니다. '자료 사진을 보면서'는 추천 안 합니다. 시험으로 치자면 컨닝이니까요. 칠하고 있는 모형과 참고하는 모형 사진으로 눈이 왔다갔다 하다 보면, 지금 칠하는 모형에 집중이 안 되잖아요. 실제 사진도 얼룩이나 햇빛에 따라 어떻게 보이는지 등이 크게 참고가 됩니다. 그것도 암기할 만큼 보는 것도 좋죠. 하지만 그걸 키트에 잘 재현한 모델러 분의 작례가 가장 큰 참고가 됩니다. 아무래도 실기는 프라모델과 다르니까요.

▲붓과 떼려야 뗄 수 없는 것이 '피규어'. 얼굴과 피부의 음영을 그리는 게 즐겁습니다. 그리고 붓도색은 원하는 타이밍에서 멈추거나 가필할 수 있다는 점도 즐겁습니다.

◀인식표는 프라판과 가는 끈으로 만들었습니다. 끈도 은색으로 칠하면 체인처럼 보이죠. 금속색을 칠하면 마법 같은 현상이 일어나서 재미있습니다.

▶무릎의 음영과 불그스름한 색이 재미있어서 몇 번이고 가필합니다. 붓도색과 모형은 서로 사랑하는 사이.

▶이 워호크의 색은 나중에 맥스 팩토리 1/35 팔케 작례에도 사용했습니다. 하비재팬 2024년 1월호에 게재!

시험 볼 때 컨닝은 안 돼! 사회인은 기말고사 감각으로 붓도색을 즐겨보자!

## ■ 프라모델을 샀으면 당장 그날 부품 하나라도 떼어두자!

—붓도색은 물론이고 '모형을 만든다'라는 행위에 더욱 접근하기 쉬워지는 요령이 있을까요? 사서 쌓아놓기만 하는 경우가 자주 있습니다만.

요코 : 저도 잔뜩 쌓아놨죠. 그런데요, 사서 바로 그 날에 '뭐든 부품을 떼어두는' 것으로 손자국을 내는 게 좋겠다 싶었어요. 비행기 모형이면 떼어낸 김에 콕피트까지 만들면 최고죠. 떼어내고 끝이 아니라 런너 상태로 어디라도 붓으로 칠해도 좋죠. 그렇게 손자국을 찍어두면, 오랜만에 그 키트 상자를 열었을 때 예전의 나와 만나서 즐겁고, '누군지는 모르겠지만 여기까지 했으면 만들어볼까'라는 기분도 들죠. 사실 프라모델 만들기에서 제일 힘든 부분은 평생에 처음 만드는 사람이나 잔뜩 만든 사람이나 똑같은데, '처음 니퍼로 자르는' 부분이라고 생각합니다.

그러니까 부품 하나라도 떼어주면 의외로 끝까지 조립하게 되죠. 저는 최근에 신품 키트를 가지고 있어도 '만들다 만 정크 키트'를 일부러 구입하기도 합니다. 좀 이상한 사람이죠. 이것도 같은 이유입니다. 오늘 가지고 온 모노그램 1/72 P-40N도 그래요. 제 이전 사람이 이미 부품을 떼어놨고, 부품을 잃어버리고, 모형 기사 조각을 상자 안에 넣어두고, 열심히 만들려고 한 흔적이 있었죠. 그걸 제가 배턴을 이어받아서 더 멋있게 만들고. 이런 릴레이 모델링! 정말 재미있습니다~~.

# 어떻게 만들었는지 살짝 보여드립니다

▲우에노 분세이도의 콜린스키 붓은 1/72 스케일 비행기를 칠하기 좋습니다. 피규어도 이걸로 멋지게 칠할 수 있습니다.

▶이미 누군가가 만들던 프라모델은 마음 편히 개조할 수 있습니다. '선배의 원수는 내가 갚겠어~'기분으로 손이 팍팍 움직입니다. 탱크가 앞뒤 반대인 건 당시 미군의 연료 탱크와 네이팜탄을 구분하기 위해 채용한 장착 방법. 이렇게 달면 네이팜탄입니다. 모노그램 팬 그룹에 글을 올렸더니 가르쳐줬습니다.

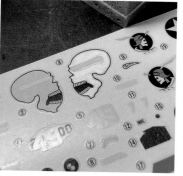

▲하세가와 P-40N의 데칼이 누렇게 변해서, 손 그리기 연습 삼아 데칼 위에 색을 칠했습니다.

▲데칼과 실기 사진을 보면서 붓으로 그린 마킹. 현장에서 그린 느낌이 멋지죠.

▲Mr. 웨더링 컬러는 붓도색을 멋지게 해주는 최고의 액체입니다. 배기에 의한 얼룩은 갈색 그라운드 브라운을 사용했습니다.

▲비행기는 조종사가 타기만 해도 몇 배나 리얼해지죠~. 키트에 포함된 파일럿 등을 깎아주고 그럴듯하게 칠했더니 미남이 됐습니다.

◀디오라마에서 멋진 포즈를 잡은 두 사람은 하세가와 베테랑 키트 「W·W·II 파일럿 피규어 세트(미, 영, 독, 일)」. 지금 봐도 멋지는 프라모델이라서, 도색만 해주면 최고입니다.

## ■ 견갑골과 고관절을 움직입시다

—마지막으로 프라모델을 오래 즐기는 비결이 있을까요?

요코 : 건강이 제일이죠. 저는 축구 하면서 신나게 뛰어다니는데, 그렇게까지는 안 해도 됩니다. 오히려 다치니까요. MAX 와타나베 씨처럼 철인 3종까지 가면 되레 걱정이 되죠(웃음). 그 에너지로 프라모델을 무한대로 만들 수 있죠. 프라모델을 만들면 한 시간은 순식간에 지나가잖아요. 그러면

의자에서 일어나 주세요. 그것만으로도 완전히 달라집니다. 그리고 견갑골 스트레칭과 고관절 스트레칭이 건강에 아주 좋답니다. 어깨 결림과 요통도 없어지니까, 모형 만들 때도 몸이 가벼워지죠. 몸 관리와 건강 관리는 어떤 취미건 중요합니다. 프라모델은 정말 재미있는 취미니까, 건강을 챙기면서 즐겨봅시다.

# 요코야마 코우 애용! 붓도색이 100배 편해지는 도구를 소개합니다.

여기서 요코야마 코우 씨가 붓도색 때 애용하는 도구를 소개합니다. 하나같이 써보고 싶은 것들이니까, 열심히 따라해 보세요.

솔직히 20시간 정도 연속으로 쓸 때도 있어요

▲도쿄 세일에서 「Ma.K.lupe 마시넨 크리거 루페」로 발매된 돋보기. 클립으로 안경에 고정해서 사용합니다. 배율은 약 2.5배. 요코야마 씨가 '보이는 건 정말 중요합니다'라고 말한 것처럼, 이 돋보기를 쓰면 세세한 곳까지 선명하게 보입니다. 게다가 가볍고 피곤하지도 않고, 노안 돋보기로도 쓸 수 있어서 편합니다.

도색할 때 묻은 먼지를 격퇴할 수 있죠

▲곡선 날 나이프는 아주 편리해서, 하나쯤 갖춰두고 싶은 아이템. 깎을 곳은 핀포인트로 노릴 수 있어서, 도색면에 묻은 먼지를 이 칼날로 제거합니다. 도료까지 깎아버렸을 때는 흠집이라고 생각하면 문제없음. 포상입니다.

▶무디진 날을 연마해서 사용한다고 합니다. 한계까지 사용하는, 물건을 아끼는 정신이 엿보입니다. 사실은 교체하는 것보다 빨라서 그렇답니다.

힘으로 구부렸습니다. 위험하죠

▲도료를 섞거나 팔레트에 덜 때 사용할 뭔가를 찾다가, 100엔 샵에서 파는 머들러 끝을 원하는 각도로 구부려서 자작한 도구. 지금은 파는 물건으로 도구를 만들 수 있어서 편합니다! 라네요!!

팔레트는 여러 개 있어도 좋습니다

▲요코야마는 이런 접시를 팔레트로 애용. 칠한 모형의 이름을 뚜껑(사진은 명란젓 등이 들어 있던 둥근 통을 팔레트 케이스로 사용)에 적어서 도료를 보관. 래커 도료를 사용하니까 희석액으로 녹이면 언제든 다시 쓸 수 있습니다. '아예 팔레트 전용 뚜껑을 만들면 좋지 않을까? 클라우드 펀딩 해볼까요?(웃음)' (요코야마 코우)

▲이쪽은 피부색 세트. 피부의 계조별로 색을 배치, 음영색으로 사용하는 보색인 녹색도 있습니다. 이렇게 용도별로 팔레트에 도료를 보관해두면, 칠하고 싶을 때 바로 쓸 수 있어서 편리. 먼지가 들어가지 않도록 뚜껑은 필수입니다.

## 붓은 이 세 개만 있으면 어지간한 건 다 칠합니다

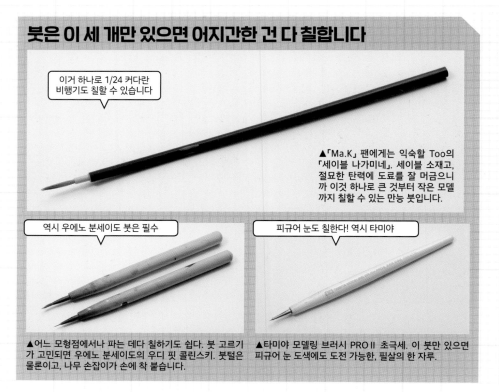

이거 하나로 1/24 커다란 비행기도 칠할 수 있습니다

▲「Ma.K」팬에게는 익숙할 Too의 「세이블 나가미네」. 세이블 소재고, 절묘한 탄력에 도료를 잘 머금으니까 이것 하나로 큰 것부터 작은 모델까지 칠할 수 있는 만능 붓입니다.

역시 우에노 분세이도 붓은 필수

▲어느 모형점에서나 파는 데다 칠하기도 쉽다. 붓 고르기가 고민되면 우에노 분세이도의 우디 핏 콜린스키. 붓털은 물론이고, 나무 손잡이가 손에 착 붙습니다.

피규어 눈도 칠한다! 역시 타미야

▲타미야 모델링 브러시 PRO II 초극세. 이 붓만 있으면 피규어 눈 도색에도 도전 가능한, 필살의 한 자루.

벗겨진 표현에 최고

▲지금은 생산 종료된 볼펜, SAKURA의 「볼 사인 80 키라라」. 이걸로 모형을 콕콕 찍어주기만 해도 순도 높은 은색을 칠할 수 있습니다. 도색이 벗겨지고 금색이 노출된 상태를 표현하는 기법에 아주 편합니다.

용제를 담아두는 데 최고인 「기름병」

◀요코야마 씨와 교류하는 모델러 스케키요 씨가 깨끗하게 씻어서 보내준 기름병. 용제를 한 방울씩 똑똑 떨어트릴 수 있어서 아주 편리!! 희석액이나 툴 클리너를 담아서 애용. 소스병에서 이쪽으로 갈아탔습니다.

# 붓도색이 즐거워지는 도료를 체크

래커 도료
제작/ 오오모리 키시

시타델 컬러
제작/ 뭇쵸

수성 하비 컬러
제작/ 시미즈 케이

BANDAI SPIRITS 1/144 스케일 플라스틱 키트 '엔트리 그레이드'

## RX-78-2 건담

BANDAI SPIRITS 1/144 scale plastic kit "ENTRY GRADE"
RX-78-2 GUNDAM

## 취향에 맞는 도료로 붓도색에 도전.

　여기서부터는 엔트리 그레이드 건담을 세 가지 도료로 도색한 작례와 함께, 각 도료의 특징을 소개하겠습니다. 소개할 「수성 하비 컬러」, 「래커 도료」, 「시타델 컬러」는 많은 모델러가 붓도색에 사용하는 도료입니다. 이 페이지를 읽고 각 도료의 특징을 파악하면, 이 책의 각 작례 기사의 도색 이미지를 떠올리기 쉬울 것입니다. 도료의 특징을 파악하고, 붓도색을 더 재미있게 즐겨보세요!

# 수성 하비 컬러의 이런 점이 최고!!

## 부담 없이 붓도색을 시작하기에 좋은 수성 도료

일본 전국 모형점, 가전 양판점에서 취급하는 대표적인 수성 도료. 그것이 GSI 크레오스의 「수성 하비 컬러」입니다. 2019년에 완전히 리뉴얼하면서 성능이 크게 향상. 냄새도 순해서, 거실에서 칠해도 문제없습니다. 나도 붓으로 프라모델을 칠해볼까~ 라고 생각하는 분께 꼭 추천하고 싶은 도료입니다.

### 1 거실에서도 붓도색이 가능한 쾌적함!

냄새가 적어서 기뻐!!

◀P.18에서 소개할 시타델 컬러보다는 냄새가 강하지만, 래커 도료의 자극적인 냄새와 비교하면 차이가 아주 큰 수준. 창문을 열고 환기하며 칠하면 냄새가 거의 신경 쓰이지 않습니다.

### 2 병 상태에서도 붓도색에 적합한 농도

잘 섞어주세요!

◀병 안에 있는 도료는 이미 붓도색하기 좋은 농도입니다! 취향에 따라 「수성 하비 컬러 전용 희석액」을 넣으며 칠하기 편한 농도를 찾아보세요.

### 3 붓도색을 도와주는 캔 스프레이의 성능이 대단하다!

마지막 마무리는 맡겨주세요!

◀도색한 부품의 도료가 벗겨지지 않도록 보호하거나, 프라모델 표면의 광택을 조절할 수 있는 「수성 프리미업 탑코트」. 유광, 반광, 무광 3종류가 있습니다. 도색한 뒤에 뿌리면 여러분의 작품이 더 멋지게 변합니다.

서페이서 라인업도 풍부!

◀자잘한 흠집을 메우거나 도료가 잘 먹게 해주는 「수성 서페이서」. 붓도색 할 때 도료가 아주 잘 먹는 「수성 서페이서 500」. 색이 다른 화이트, 그레이, 블랙의 「수성 서페이서 1000」이 발매되고 있습니다.

## 4 농도 조절도 간단!

희석은 '물'보다 '수성 하비 컬러 희석액'으로!

종이 팔레트와 상성 발군

▲물로도 희석할 수 있지만, 성능을 최대한 발휘하고 싶다면 전용 희석액을 사용하세요. 붓으로 칠할 때는, 붓에 희석액을 조금 머금고 도료와 적절히 섞어가면서 사용하면 좋습니다.

▲붓으로 칠할 때는 병에서 직접 칠하는 게 아니라, 도료를 종이 팔레트에 옮겨서 사용하면 더욱 조절하기 좋습니다. 100엔 샵 등에서 판매합니다.

## 5 칠해도 잘 비치는 점이 좋다!

래커 도료에 가까운 칠하는 느낌

▶수성 하비 컬러는 밑색을 가리는 차폐력 조절이 절묘해서, 이 사진처럼 밑색이 비칩니다. 그래서 밑색을 살리는 표현이 가능합니다. 그리고 마른 뒤에는 물이나 용제에 대한 내성도 강해져서 덧칠이 가능한 점도 포인트입니다.

BANDAI SPIRITS 1/144 스케일 플라스틱 키트 "엔트리 그레이드"
### RX-78-2 건담   제작/시미즈 케이

▲약간 진한 회색을 밑색으로 칠하고 각 색을 도색. 처음부터 메인 색을 칠하는 게 아니라 '회색에 가까운 흰색(그랑프리 화이트)→건담 화이트' 느낌으로, 메인 색보다 어두운 색을 한 번 칠해서, 메인 색이 잘 발색하도록 칠해줍니다.

## 6 Mr.웨더링 컬러로 먹선, 웨더링이 가능

웨더링도 즐겨보세요!

◀기본 도색한 뒤에 웨더링을 하고 싶을 때도 안심! 같은 회사에서 발매하는 Mr.웨더링 컬러에 대한 내성도 있어서, 먹선이나 웨더링도 가능합니다!

## 7 에나멜 도료와 같이 사용해도 문제없음!

스펀지 치핑도 추천합니다!

▲에나멜 도료에 대한 내성도 있으니까, 자잘한 부분에 에나멜 도료를 부담 없이 사용해보세요. 덧칠하다가 삐져나오더라도 에나멜 용제로 닦으면, 수성 하비 컬러로 칠한 부분에 대미지를 주지 않고 닦아낼 수 있습니다.

# 래커 도료의 이런 점이 최고!!

## 모형용 도료의 왕도! 폭넓은 선택지로 붓도색을 즐겨보자!!

　　모형용 도료의 메인 스트림이 「래커 도료」입니다. 일본의 각 제조사에서 발매되고 있어서, 색의 선택지 폭이 상당히 넓습니다. 압도적으로 빨리 마르고, 도막도 튼튼해서 모델러들에게 사랑받고 있습니다. 냄새가 심하다는 문제가 있지만, 도색 부스라든지 환기할 수 있는 기재를 도입하면 상당히 완화할 수 있습니다. 래커 도료의 특징을 알아보겠습니다.

일본에서는 주로 GSI 크레오스, 가이아노츠, 타미야 3사가 래커 도료를 전개. 각 메이커마다 특색이 있고, 다른 메이커의 도료를 같이 사용할 수도 있어서 색의 선택지가 방대. 모형 도료의 왕도라고 부를만 한 라인업입니다. 또한 래커 도료는 「수성 도료」「에나멜 도료」를 덧칠해도 대미지를 입지 않습니다. 래커 도료로 기본 도색, 수성 도료나 에나멜 도료로 자잘한 부분을 칠하면, 모형의 색을 보다 깔끔하게 구분해줄 수 있습니다.

## 1 폭넓은 선택지와 강한 도막

### Mr. 컬러

◀GSI 크레오스가 발매하는 래커 도료 「Mr. 컬러」. 안 좋은 특성도 없고 사용하기 편한 데다 색수도 상당히 풍부해서, 스케일 모델부터 건프라까지 모두 즐길 수 있습니다. 일본 전국 모형점 등에서 취급하는 덕에 구입하기 쉽다는 점도 좋습니다.

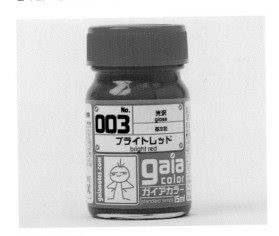

### 가이아 컬러

▲차폐력이 아주 강한 도료와, 명도와 채도를 절묘하게 조절한 중간색 등이 아쉬운 점을 해결해주는 색을 다수 발매하고 있는 가이아 컬러. 애니메이션 작품 전용 컬러나 모델러와 타이업한 특색 등, 사용하고 싶어지는 도료를 다수 발매하고 있습니다.

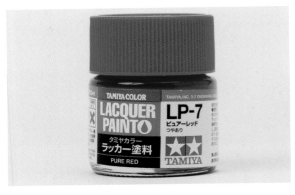

### 타미야 래커

◀전차 모형이나 비행기 모형 등의 스케일 모델에 어울리는 색을 다수 발매. Mr. 컬러나 가이아컬러에 비해 묽게 희석된 상태라서, 붓으로 칠할 때는 병에 있는 농도 그대로 도색을 즐길 수 있습니다.

## 2 비치는 특성을 활용!

▲많은 래커 도료는 차폐력이 그렇게 강하지 않아서 밑색이 어렴풋이 비칩니다. 이 특성을 살려서 그림자가 생길 부분에 미리 어두운 색을 칠해두면, 붓도색으로도 그러데이션 도색을 즐길 수 있습니다.

▲회색 위에 파랑을 칠하면, 밝은 파랑과 밑색의 회색이 비친 어두운 파랑이 동시에 존재하는, 깊이 있는 색이 됩니다. 또한 래커 도료를 덧칠하면 밑색과 새로 칠한 도료가 서로 녹아들면서 절묘한 색 변화를 줄 수 있습니다.

## 3 희석액으로 부활!

▶래커 도료는 팔레트 위에서 말라버리더라도 희석액을 몇 방울 섞어주면 다시 녹아서, 몇 번이고 사용할 수 있습니다. 수성 도료처럼 매번 도료를 덜지 않아도 됩니다.

▲접시 위에서 말라버린 도료에 희석액(사진은 타미야 래커 용제)를 몇 방울 섞어주면 몇 번이고 부활합니다.

BANDAI SPIRITS 1/144 스케일 플라스틱 키트 "엔트리 그레이드"

### RX-78-2 건담  제작/오오모리 키시

## 4 건조가 빠르다!

◀붓으로 살짝 두껍게 바르더라도 5분만 지나면 거의 마릅니다. 건조가 빨라서 붓도색을 빠르게 진행할 수 있습니다.

## 5 리타더를 넣어주면 붓도색이 더 쉬워진다!

◀래커 도료 붓도색을 더욱 쾌적하게 해주는 리타더. 겨우 1, 2방울만 넣어주면 붓놀림이 매끄러워집니다. 리타더를 추가하면 도료 건조가 늦어지고 도료가 잘 퍼지게 해줘서, 붓자국이 적은 상태로 건조됩니다. 반대로 너무 많이 넣으면 칠하기 힘들어지니까, 조금만 사용하는 게 포인트입니다.

# 물만 가지고 칠하는 「수성 에멀전 계열」의 대표!
## 시타델 컬러

냄새가 없고 물만 가지고 도료 희석과 붓 세척이 가능한, 상당히 편리한 도료 「수성 에멀전 계열 도료」. 해외 메이커에서 발매하는 「시타델 컬러」, 「바예호」가 그 대표주자로, 많은 모델러들이 사용하고 있습니다. 여기는 실제 시타델 컬러로 칠한 엔트리 그레이드 건담 작례와 함께 시타델 컬러를 설명하겠습니다. 이 책의 작례에서도 크게 활약하는 도료를, 이 페이지에서 꼭 체크해보세요.

### 먼저 이 4종류가 있으면 된다!

시타델 컬러는 색 외에 도료의 용도에 따라 종류가 구분됩니다. 다양한 종류가 있습니다만, 먼저 이 네 가지만 알아두면 거의 문제없이 프라모델을 즐겁게 붓으로 칠할 수 있습니다.

#### 베이스
**궁극의 차폐력!**

◀시타델 컬러의 기본색인 베이스. 빨간 리본을 확인. 검은색 바탕에 흰색을 칠해도 단번에 발색하는 엄청난 차폐력이 특징. 잘 퍼져서 붓자국이 적게 칠할 수 있습니다.

#### 레이어
**밑색이 비칩니다!**

◀주로 밝은색이 많습니다. 파란 리본을 확인. 베이스 위에 칠하면 밑색이 비쳐서 그러데이션이나 하이라이트를 그릴 수 있게 조정된 도료. 캐릭터 모델에도 어울리는 색이 많은 점이 특징. 일단 베이스를 칠하고 이 레이어를 겹쳐서 칠하는 방법이 일반적입니다.

#### 셰이드
**먹선은 맡겨주세요!**

◀농도가 묽은 도료로, 먹선이나 음영 표현에 사용합니다. 녹색 리본을 확인.

#### 콘트라스트
**물들이기 전용 도료**

◀셰이드처럼 묽은 도료. 주황색 리본을 확인. 밑색으로 흰색이나 라이트 그레이, 실버를 칠하고 그 위에 칠하면 도료가 모형의 디테일에 맞춰서 자연스럽게 흐르고, 어렴풋이 물들게 됩니다. 이 특성을 이용하면 누구나 간단히 그러데이션 도색을 즐길 수 있습니다.

시타델 컬러 종류 · 만화/코이데타쿠

### 붓도색 준비는 물과 팔레트면 끝!!

시타델 컬러는 물만 가지고 '희석'과 '붓 세척'이 완전하게 가능합니다. 붓도색 준비 4단계를 소개합니다.

\ 잘 흔든다! /

▲시타델 컬러는 뚜껑을 닫은 상태에서 잘 흔들어주세요. 뚜껑을 열고 막대 등으로 섞으면 안에서 공기와 반응해 굳어버릴 우려가 있습니다.

\ 도료를 덜어낸다! /

▲뚜껑을 열면 안에 주걱이 있습니다. 여기 묻은 도료를 붓으로 덜어내 주세요.

\ 붓에 물을 살짝 묻힌다! /

▲도료를 덜어낸 붓에 물을 살짝 적셔줍니다. 붓끝으로 콕 찍어서, 이렇게 파문이 퍼지는 정도가 좋습니다.

\ 팔레트에서 물과 섞어준다! /

▲그 뒤에 팔레트에 놓고 도료와 물을 섞으면 도색 준비 완료. 도료를 희석하고 싶을 때는 물을 조금 적신 붓으로 조절해 주세요.

### 베이스의 차폐력은 최강! 검은 바탕에서도 단번에 발색

위 네가지 중에 '베이스'는 검은 바탕에 칠해도 단번에 발색할 정도로 차폐력이 강해서, 붓도색이 착착 진행됩니다. 도료도 잘 퍼져서 매끈하게 칠해집니다. 실제로 칠할 때는 조금 묽게 희석하고 두세 번 겹쳐서 발색하면 더욱 깔끔하게 칠할 수 있습니다.

검은색 위에 직접 '빨강'을 바릅니다

◀실제로 베이스의 빨강 'MEPHISTON RED'를 검은색 위에 칠해보겠습니다.

▶새카만 바탕에 빨간색이 단번에 발색했습니다. 베이스는 기본색을 칠할 때 최고의 도료입니다.

경이적인 발색!

# 드라이 브러시로 누구나 손쉽게 그러데이션을 즐길 수 있다!!

시타델 컬러는 물만 가지고 완전히 '희석'과 '붓 세척'이 가능합니다. 붓도색 준비 4단계를 소개하겠습니다.

◀드라이 브러시란 붓에 머금은 도료를 일단 키친타월 등에 닦아내고 버석버석해진 상태의 붓으로 문질러 칠하는 테크닉입니다. 소량의 도료가 모형 표면에 랜덤하게 칠해지면서 그러데이션 효과가 발생합니다. 간단하면서 효과가 좋은, 정말 즐거운 칠하는 방법입니다.

전부 드라이 브러시로 칠했습니다!

▲CORVUS BLACK, MACRAGGE BLUE, CALGAR BLUE, FENRISIAN GREY를 사용했습니다. 자연스러운 그러데이션을 칠할 수 있도록, 각 색의 계조를 구비한 라인업이 시타델 컬러의 특징입니다.

▲베이스 MACRAGGE BLUE 를 머금은 붓으로 드라이 브러시. 검은 바탕이 점점 파랗게 변합니다.

◀▲파란색을 칠한 듯이, 모든 색을 드라이 브러시로 칠했습니다. 시타델 컬러의 잘 칠해지는 특성과 좋은 발색 덕분에 간단히 그러데이션 도색을 즐길 수 있습니다.

▲다음으로 MACRAGGE BLUE와 CALGAR BLUE를 섞은 색으로 드라이 브러시. 음영이 생길 것 같은 부분과 우묵한 부분은 먼저 칠한 바탕색을 남겨주는 느낌으로 칠합니다.

▲마지막으로 FENRISIAN GREY 로 면의 중앙과 엣지 부분을 노리고 드라이 브러시. 하이라이트를 넣어서 완성!

◀각 색의 그러데이션은 물론이고, 드라이 브러시 특유의 거친 표정 덕분에 전투로 더럽혀진 분위기를 연출할 수 있습니다. 물만 있어도 간단히 칠할 수 있는 시타델 컬러를 써서 잘 칠해지고 발색하는 특성을 살린 붓도색을 즐겨보세요.

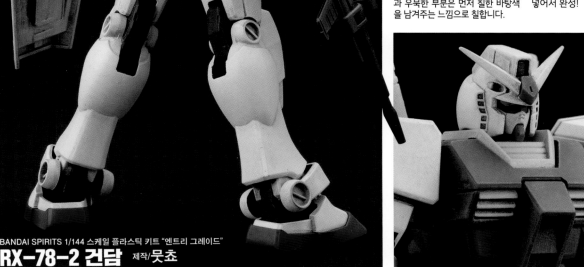

BANDAI SPIRITS 1/144 스케일 플라스틱 키트 "엔트리 그레이드"
## RX-78-2 건담 제작/뭇쵸

# 「건담」과 「자쿠」.
## 유일무이한 모티프를 붓도색으로 즐겨보자

BANDAI SPIRITS 1/100 scale plastic kit "Master Grade"
RX-78-02 GUNDAM (GUNDAM THE ORIGIN) & MS-06J ZAKU Ver.2.0
modeled by KINOSUKE & Kei SHIMIZU

# 수성 하비 컬러와
# 래커 도료 붓도색

전세계에서 사랑받는 건프라. 지금은 다양한 방법으로 칠하며 즐기고 있습니다. 주로 에어브러시를 사용한 것이 모형 잡지나 콘테스트, 전시회에서 많이 보이지만, 붓도색으로 칠한 건프라도 멋지고 매력적.

여기서는 수성 하비 컬러를 붓으로 칠한 자쿠와, 래커 도료로 붓도색한 건담을 소개하겠습니다. 양쪽 모두 특별한 도료나 재료는 사용하지 않고, 손쉽게 구할 수 있는 도료와 붓으로 칠했습니다. 이 작례를 보시고, 꼭 붓도색으로 건프라를 즐겨보세요.

BANDAI SPIRITS 1/100 스케일 플라스틱 키트 "마스터 그레이드"
## MS-06J 양산형 자쿠 Ver.2.0
제작·글/시미즈 케이

BANDAI SPIRITS 1/100 scale plastic kit "Master Grade"
MS-06J ZAKU II Ver.2.0
modeled & described by Kei SHIMIZU

# 혼색 없음! 수성 하비 컬러 '병에 든 색'으로 칠했다

GSI 크레오스에서 발매하는 수성 하비 컬러는, 냄새가 적어서 거실이나 좁은 공간에서도 즐길 수 있는 아주 편리한 도료. 몇 년 전에 완전히 리뉴얼하면서 강한 도막과 빠른 건조성을 손에 넣으며, 크게 파워업 했습니다.

그런 수성 하비 컬러를 사용해서 많은 걸작 붓도색 모형을 만든 사람이, 이번에 자쿠 작례를 담당한 시미즈 케이 씨. 붓도색 특유의 얼룩이 없도록, 색을 거의 섞지 않습니다. 소위 병 색이라고 부르는, 병에 들어있는 색 그대로, 색을 잘 선택해서 그러데이션 도색을 해나가는 기술을 사용합니다. 이 기사를 읽으신 뒤에, 같은 색을 구비해서 자쿠 붓도색에 도전해보세요. 좋은 작품을 따라하면서 당신의 붓도색에 새로운 문이 열립니다!!

## 자쿠를 칠하는 데 사용할 「수성 하비 컬러」

메인 컬러를 칠하는 기본 칠은 두 번으로 나눠서 합니다. 첫 번째는 베이스가 되는 기본색. 두 번째는 기본색보다 한 단계 밝은색을 선정해서, 붓 터치로 하이라이트와 장갑의 퇴색된 것 같은 분위기를 연출하는 데 사용합니다.

칠한 사람

### 시미즈 케이

모형 잡지 「월간 하비재팬」에서 많은 로봇 프라모델을 수성 하비 컬러의 중요한 붓도색으로 만들고 있습니다. 수성 하비 컬러의 좋은 성능을 세상에 널리 알린 제1인자라고 할 수 있는 모델러입니다.

▷ 비행기 모형 붓도색 작품집도 발매 중!

▶스케일 애비에이션 편집부에서 편집한 「시미즈 케이 비행기 모형 붓도색 도색 테크닉 : SIMSONIC DESTRUCTION」(발행/대일본회화)도 발매 중! 캐릭터 프라모델과 함께, 시미즈 씨가 사랑하는 비행기 모형 붓도색이 응축된 책! 꼭 이 책과 함께 읽어주세요.

## 첫 번째 기본 칠에서 사용하는 도료

**쑥색**
▲자쿠의 밝은 녹색에 사용합니다.

**밝은 회백색(2)**
▲자쿠의 짙은 녹색에 사용합니다.

**저먼 그레이/ 회색**
▲백팩에 사용합니다.

**RLM74 그레이 그린**
▲가슴 장갑과 무릎 등의 다크 그린에 사용합니다.

## 두 번째 기본 칠에서 사용하는 도료

**스카이(덕 에그 그린)**
▲밝은 녹색으로 칠한 '쑥색' 위에 덧칠합니다.

**RLM65 라이트 블루**
▲짙은 녹색으로 칠한 '밝은 회백색(2)' 위에 덧칠합니다.

**저먼 그레이/ 퇴색**
▲백팩에 칠한 '저먼 그레이/회색' 위에 덧칠합니다.

**군함색(1)**
▲가슴과 무릎에 칠한 'RLM74 그레이 그린' 위에 덧칠합니다.

**밝은 회백색(1)**
▲관절에 터치를 추가할 때 사용합니다.

# PRODUCTIVE MOBILE SUIT
# II

## 붓도색 준비

먼저 시미즈 씨가 실제로 하는 붓도색 준비를 소개합니다. 어두운 바탕 도료를 뿌린 뒤에 점점 밝은색을 얹어가는 방법으로 칠합니다.

▶가이아 노츠의 서페이서「메카 서프 헤비」를 전체에 뿌렸습니다. 이러면 도료가 잘 먹기도 하고 붓으로 칠할 때, 보다 완급을 살린 음영을 줄 수 있습니다. 그리고 그대로 관절 색으로도 사용할 수 있으니까 일거양득. 작례도 관절색은 이 색으로, 마지막에 밝은 회백색(1)로 터치를 추가해줬습니다.

\ 용제와 물을 병에 담아둡니다 /

\ 부품을 칠하기 전에 테스트 /

▲도료를 희석하는 데 사용하는 '수성 하비 컬러 희석액'과 붓을 씻을 때 사용하는 '물' (수성 하비 컬러는 간이 세척이라 물로도 OK)을 병에 담아둡니다. 이러면 쓸 때마다 용제를 꺼낼 필요 없이 쾌적하게 붓도색을 즐길 수 있습니다.

▲프라판에 메카 서프 헤비를 뿌리고, 그 위에 자쿠에 어울릴 것 같은 색을 시험해서 칠합니다. 이 테스트에서 괜찮은 색을 선택해서 사용했습니다.

## 수성 하비 컬러 붓도색 스텝

실제로 붓도색 순서를 보겠습니다. 병에 바로 붓을 넣고 그대로 프라모델에 칠하면 큰일이 나니까, 꼭 이 기본 절차를 지켜주세요. 이것만 신경 써도 붓놀림이 아주 좋아집니다.

\ 도료를 잘 섞어주세요! /

\ 희석액을 머금어주세요 /

▲기본 중 기본. 도료 컨디션이 좋지 않으면 발색이 안 좋아집니다. 칠하기 전에 잘 섞어주세요.

▲붓털에「수성 하비 컬러 희석액」을 잘 머금어주세요. 붓 안에 들어간 희석액은 도료를 희석하는 것은 물론이고, 도료를 밀어내는 펌프 같은 역할도 합니다. 버석버석 상태에서는 도료가 붓에서 잘 나오지 않아서, 도색면이 지저분해집니다.

\ 희석액으로 도료를 희석하세요 /

\ 도료를 머금었으면 일단 붓끝을 타월에 살짝 /

▲수성 하비 컬러는 병에 든 상태에서도 붓도색에 적합한 농도지만, 수성 하비 컬러 희석액으로 살짝 희석해서 사용해주면, 도료가 더 잘 퍼지고 칠하기도 편해집니다. 그리고 농도가 묽어지면서 너무 두껍게 칠해지는 것도 예방할 수 있습니다.

▲붓에 도료를 보충했으면, 일단 붓끝을 타월에 대주세요. 붓은 저희가 생각하는 것보다 많은 도료를 머금고 있습니다. 이 과도한 도료를 일단 배출시켜준 뒤에 부품에 칠하면 보다 깔끔하게 칠할 수 있습니다.

## 쑥색 칠하기

자쿠에서 가장 많은 면적을 차지하는 밝은 녹색을 먼저 칠합니다. 포인트는 밑색으로 칠한 회색을 완전히 가려버리지 않는 것. 회색이 살짝 비치는 쪽이 정보량이 늘어나면서 멋지게 보이는 데다, 도막이 너무 두꺼워지지 않아서 샤프하게 완성됩니다.

◀칠은 어디까지나 묽게, 일단 전체를 칠하는 느낌으로. 붓놀림은 기본적으로 중력 방향에 수직으로. 같은 곳을 여러 번 칠하면 지저분해지니까 주의하세요.

◀파이프는 부품을 잘 돌려가면서 전체에 색이 입혀지도록 칠합니다.

▶일단 칠한 상태. 우선 이렇게 머리 전체를 대략적으로 칠합니다. 밑색이 많이 비치지만 문제없습니다. 이 상태에서 잘 말리고, 같은 순서로 한 번 더 칠해주세요.

▶정수리를 보면 붓자국이 잘 보입니다. 둥근 것은 위에서 아래쪽으로 붓을 놀리면서 방사상으로 칠했다는 것을 알기 쉽습니다. 붓자국 덕분에 부품의 둥근 느낌이 강조됩니다.

◀머리를 말리는 동안 다른 부분도 같은 색을 칠해줍니다. 이렇게 하면 시간을 절약할 수 있고, 다 칠했을 무렵에는 머리도 말라 있습니다. 같은 부품에 집중하는 게 아니라, 같은 색으로 칠하는 부분은 마르는 동안 차례차례 칠해주세요.

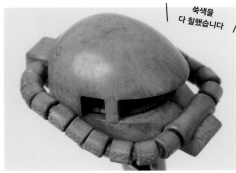

쑥색을 다 칠했습니다

◀말린 뒤에 겹칠하는 공정을 세 번 정도 해주면 끝. 이 위에 밝은색으로 터치를 추가해줄 테니까, 밑색이 이 정도로 비쳐도 문제없습니다. 오히려 이 회색이 비치면서 색의 정보량을 늘려주고, 최종적으로 작품을 멋지게 만들어줍니다.

## 밝은 회백색(2) 칠하기

밝은 회백색(2)는 구 일본군 비행기에 칠했던 색. 녹색이 들어간 회색으로, 자쿠의 짙은 녹색을 조금 밝게 처리해주고 싶을 때 딱 어울리는 색. 먼저 칠한 쑥색과 궁합도 좋습니다.

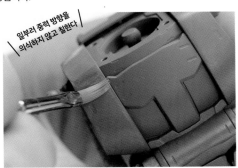

일부러 중력 방향을 의식하지 않고 칠한다

▶붓을 세로 방향이 아니라 약간 호를 그리면서 가로 방향으로 움직여서, 가슴의 둥근 장갑 라인을 강조. 기본적으로는 중력 방향에 수직으로 붓을 움직이지만, '이 부품에는 옆으로 움직이는 쪽이 멋있을지도?'라고 생각했을 때는 임기응변으로 붓 놀리는 방향을 바꿔주세요.

▶장갑 측면은 붓을 수직 방향으로 움직입니다. 회색을 완전히 덮어버리지 않도록, 묽은 도료로 칠해나갑니다.

◀한 번 칠한 상태. 가로 방향과 세로 방향 붓자국이 혼재하면서 정보량이 늘어나 보입니다.

◀다른 각도에서 본 모습. 붓자국이 모형 표면에서 자잘한 디테일을 추가해줍니다. 이렇게 자신이 '이 부품에는 이 방향 붓자국이 어울릴 것 같다'라고 생각했으면, 칠하는 방향을 자유롭게 바꿔도 좋습니다.

## 백팩 저먼 그레이

백팩 같은 의장에 관절의 회색과 다른 색감을 사용하면 악센트를 줄 수 있습니다. 여기서는 푸르스름한 느낌이 강한 저먼 그레이를 칠해보겠습니다.

▲이쪽은 중력 방향에 수직으로 붓을 놀립니다. 먼저 칠한 회색도 백팩에 어울리는 색이니까, 밑색을 살리면서 옅게 칠해줍니다.

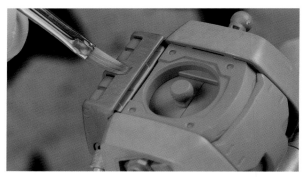

▲면적이 작은 부분은 세세한 터치를 의식해서 칠해줍니다. 붓에 도료를 많이 머금으면 부품 모서리에 고이니까 주의하세요.

▲저먼 그레이를 다 칠한 상태. 이 정도로 밑색이 비치더라도, 이 뒤에 밝은 회색 도색과 웨더링으로 멋있어질 테니까 안심하세요.

## RLM74 그레이 그린으로 가슴 칠하기

가슴과 무릎의 다크 그레이는, 독일군 비행기에 칠하는 거무스름한 녹색 「RLM 그레이 그린」이 어울립니다. 이 회색에도 녹색이 조금 들어가 있어서, 주위 녹색과 잘 어우러집니다.

▲중력 방향에 수직으로 붓을 놀립니다. 세로 방향 붓자국이 얼굴이 흐른 것처럼 보이기도 해서, 이 단계에서 이미 멋있습니다.

▲수직 방향으로 칠할 때 붓이 들어가기 힘든 곳은 아래에서 위로 움직여서 칠합니다. 부품 모양과 면적에 따라 칠하기 쉬운 방향으로 붓을 움직여야 하는 부분도 있습니다.

▲가슴을 다 칠했습니다. 먼저 칠한 회색이 비치면서 제대로 다크 그린처럼 보입니다. 주위 녹색과도 잘 어우러집니다.

# 일단 가조립해서 체크

장갑의 녹색 2종류, 백팩, 가슴 장갑까지 각 색의 첫 기본 칠이 끝났습니다. 이 상태에서 일단 가조립해서 전체 색감과 덜 칠한 곳은 없는지 확인합니다.

▲옆에서 본 상태. 머리에서 방사상으로 퍼져나간 붓자국이 이미 빗물이 흐른 선 같은 분위기를 자아냅니다. 붓자국이 색은 물론이고 이런 정보량도 추가해줍니다. 어느 쪽으로 움직여볼까~ 생각하며 붓을 움직이면, 여러분의 작품에 더욱 깊은 느낌이 생깁니다.

◀위에서 본 상태. 정수리에서 퍼져나가는 방사상 붓자국 덕분에 자쿠의 둥근 머리 모양이 강조됩니다. 파이프의 우묵한 부분 등, 붓이 들어가기 힘든 곳은 일부러 밑색을 남겨서 대미지 표현처럼 연출했습니다.

▲각 색을 칠하고 건조하는 공정을 세 번 반복했습니다. 세 번 칠해서 밑색이 이 정도로 비치는 농도로 칠했습니다. 첫 번째 기본 칠에서 회색을 이 정도 남겨두는 쪽이 나중에 하이라이트와 퇴색 표현을 의식한 밝은색을 칠할 때 효과적이고, 보다 강약이 있는 표현으로 이어집니다. 붓도색으로 에어 브러시 도색처럼 전부 균일하게 칠하는 건 힘들지만, 밑색이 비치고 붓자국을 살려서 칠하는 쪽을 의식해서 칠한다면, 칠하는 횟수도 줄고 붓도색만의 멋진 작품을 만들 수 있습니다.

##  두 번째 기본 칠 시작! 스카이를 칠하자

여기서부터 기본 칠 두 번째. 각 색의 첫 번째 색보다 밝은색을 칠해줍니다. 이 색이 최종적인 색감이 되니까, 첫 번째 기본 칠보다 신중하게 칠해주세요.

◀쑥색 위에 스카이를 칠합니다. 밝은색은 조금만 칠해도 눈에 띄니까, 짙은 도료를 잔뜩 칠하지 마세요. 회색이나 쑥색을 완전히 덮어버리지 않게, 각 면의 중앙과 안쪽을 칠한다고 생각하며 칠해갑니다.

◀붓을 짧게 움직여서 세세한 붓자국을 그릴 수 있습니다. 밝은 도료의 세세한 붓자국이 먼저 칠한 그레이에 쑥색과 어우러져 줍니다.

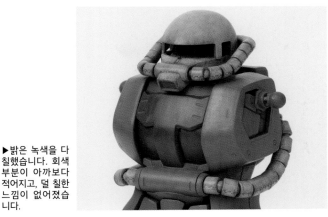

▶밝은 녹색을 다 칠했습니다. 회색 부분이 아까보다 적어지고, 덜 칠한 느낌이 없어졌습니다.

▶확대해서 보겠습니다. 밝은 녹색 속에 회색, 쑥색, 스카이까지 각각이 섞인 색이 혼재하면서, 정보량이 상당히 많아졌습니다. 산뜻한 녹색이면서도 중후한 표현이 되었습니다.

# 녹색에 라이트 블루로 터치를 추가!

진한 녹색 부품에는 「라이트 블루」로 터치를 줍니다. 단순히 같은 계열의 밝은색을 선택하는 것보다, 색감이 약간 다른 색을 선택하면 보다 재미있는 변화를 줄수 있습니다.

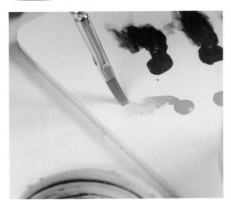

▲RLM 라이트 블루에는 녹색이 살짝 들어가 있습니다만, 그래도 상당히 파란색입니다. 보통 칠할 때보다 더 묽게 희석해서 옅은 색의 변화를 줍니다.

▲프라판에 시험해보기는 했지만, 실제로 칠해보면 또 다른 곳이 있습니다. 그럴 때는 눈에 띄지 않는 곳에서 실험해보세요. 일단 라이트 블루를 옅게 칠해봅니다.

▲도료가 완전히 마를 때까지 기다립니다. 다 마르면 갓 칠했을 때와 또 다르게 보이기 때문입니다. 시험해본 결과 색감이 상당히 좋으니까, 이대로 계속 칠합니다.

▲묽은 라이트 블루를 면의 중앙과 안쪽에 칠합니다. 묽게 희석했어도 이렇게 또렷하게 하이라이트 효과가 나오니까, 항상 붓에 머금는 도료의 양과 농도에 신경 쓰면서 칠하세요.

▲파이프 기부의 불룩한 부분이나 허리 아머 틈새 등도 짧은 터치로 라이트 블루를 칠해갑니다. 하이라이트는 짧은 터치로 칠해주면 붓자국이 늘어나면서 색의 정보량이 늘어납니다.

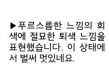

지쿠의 녹색을 다 칠했습니다!!

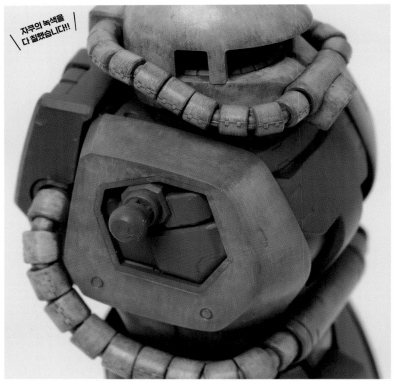

▲밝은 회백색(2)와 라이트 블루라는 다른 색감을 굳이 칠해서, 상당히 악센트가 들어간 표정이 되었습니다.

# 백팩의 하이라이트를 퇴색 컬러로

수성 하비 컬러에는 퇴색된 저먼 그레이를 이미지로 제조한 재미있는 도료가 있습니다. 이것을 백팩의 하이라이트에 사용하겠습니다.

◀저먼 그레이 위에 칠하기 위해 제조된 저먼 그레이/퇴색이다 보니 상성은 발군. 묽게 희석해서 면 중앙에 붓으로 칠해줍니다.

▶푸르스름한 느낌의 회색에 절묘한 퇴색 느낌을 표현했습니다. 이 상태에서 벌써 멋있네요.

## 군함색(1)로 가슴 장갑에 하이라이트 넣기

밝은 회색인 군함색(1)을 사용해서 가슴 장갑에 하이라이트를 넣어줍니다. 짙은 녹색과 마찬가지로, 여기도 먼저 칠한 RLM74 그레이 그린과 색 차이가 크니까, 묽게 희석해서 조금만 칠해주세요.

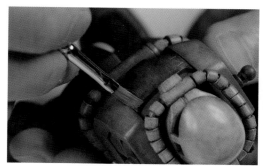

◀그레이 그린 위에 군함색(1)을 조금 칠하면, 퇴색 표현 외에 자잘한 상처가 난 것 같은 분위기도 줍니다. 붓자국을 잘 살리면 퇴색 외에 대미지 느낌도 표현할 수 있습니다.

◀각 장갑에 밝은 색 터치를 넣었습니다. 자세히 보면 관절과 프레임 부품은 메카 서프 색 그대로입니다. 이 다음에 관절부에 밝은색을 칠하고 본체 색을 마무리할 예정입니다.

## 밝은 회백색(1)로 관절에 터치를 추가

제로센의 본체색으로도 유명한 밝은 회백색(1). 이쪽이 메카 서프 헤비의 색에 터치를 추가하는 데 안성맞춤입니다.

▶다른 부품에 비해 동떨어진 느낌이었던 목 블록. 밝은 회백색(1)로 터치를 추가한 순간, 단번에 어우러졌습니다.

▶완성하면 얼핏 보이는 부분이지만, 관절에도 붓 터치를 추가해주면 움직일 때 등에 빈틈이 없는 작품이 됩니다. 이걸로 두 번째 기본 칠도 완료!!

## 에나멜 도료 다크 그레이로 치핑!

기본 칠이 끝났으면 타미야 에나멜 도료 다크 그레이와 스펀지를 사용해서 치핑(도료가 벗겨진 것 같은 흠집 표현)을 해줍니다. 스펀지에 도료를 묻히고, 흠집이 날 것 같은 곳에 톡톡 두드려주기만 하면 멋있게 됩니다.

◀다크 그레이는 흠집용 만능색. 어떤 색에도 어울립니다. 꼭 하나쯤 마련해두세요.

▶스펀지(시미즈 씨는 스펀지 사포를 뜯어서 사용. 스펀지 사포의 적절한 탄력이 좋다고)에 도료를 묻힌 뒤에 바로 모형에 사용하는 게 아니라, 종이 팔레트 등에 몇 번 찍어서 도료의 양을 조절하세요.

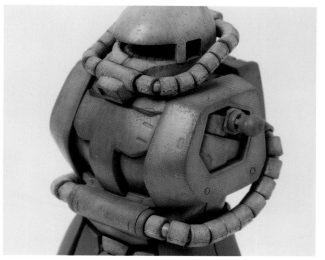

▲치핑 완료! 중후한 도색에 박력이 더 늘었습니다. 에나멜 도료를 썼으니까, 너무 과하다 싶을 때는 에나멜 용제를 적신 면봉으로 닦아내서 수정하면 됩니다.

◀부품의 모서리나 흠집이 생길 것 같은 곳에 스펀지로 톡톡 두드려주기만 하면, 랜덤한 흠집이 생깁니다.

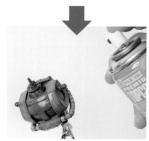

▶치핑까지 끝났으면 수성 프리미엄 탑코트 반광으로 마감. 치핑한 도료를 보호하고, 이 뒤에 에나멜 도료로 워싱할 때 치핑이 지워지지 않게 합니다. 광택이 통일되면서 차분한 인상이 됩니다.

## 마지막 마무리는 「다크 브라운」으로 워싱

마무리로 부품 전체를 「타미야 먹선 도료 다크 브라운」으로 워싱합니다. 관절 등 가동부는 피하고, 주로 장갑면을 중심으로 워싱합니다.

◀타미야 먹선 도료 중에서도 활용도가 상당히 좋은 올 라운더 「다크 브라운」. 이것을 에나멜 용제로 더 묽게 희석해서, 각 부품 표면에 옅게 발라줍니다.

▶다크 브라운을 종이 팔레트에 덜면, 붓에 에나멜 용제를 머금어서 희석합니다. 팔레트가 비쳐서 보일 정도로 묽게 해주세요.

▲얼룩이 흐를 것 같은 방향을 의식하며 다크 브라운을 칠해나갑니다.

▲전체를 칠했으면 에나멜 용제를 머금은 면봉으로 닦아주세요. 닦을 때도 얼룩이 흐르는 방향을 생각하며 닦아주면 분위기가 살아납니다.

▲면봉은 자주 교체. 더러운 면봉으로 닦으면 면봉에 밴 도료가 모형에 묻으니까, 웨더링을 조절하는 데도 방해가 됩니다.

▶붓도색 공정 완료!! 압도적인 존재감. 마지막 워싱은 웨더링은 물론이고 각 부분의 그러데이션을 정리해주는 역할도 합니다. 하이라이트로 완급을 주며 칠한 것은, 이 마지막 워싱 때 색이 너무 가라앉지 않도록 하기 위한 것도 있습니다. 어두운색인 채로 워싱을 해버리면 시커먼 덩어리가 되니까, 워싱을 하기로 했으면 이번처럼 밝은색으로 칠해보세요.

# 다 칠했으면 각 부분을 체크!!

다른 부분도 상반신과 같은 순서로 칠합니다.
다 칠한 각 부분을 보겠습니다.

1

3

2

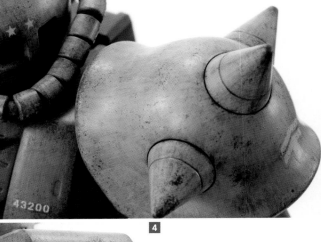

4

1 시미즈 씨 붓도색의 모든 것이 응축된 머리. 붓자국에 의한 중후한 표정, 자잘한 흠집과 흘러내린 얼룩 등 볼거리가 가득.

2 시미즈 씨도 신경 쓴다는 스파이크 아머. 아주 세세한 방사상 터치가 훌륭합니다!! 스파이크 아머의 존재감이 강조됐습니다.

3 짙은 녹색에 칠한 RLM 라이트 블루 하이라이트가, 워싱한 다크 브라운 덕분에 잘 어우러지면서 절묘한 퇴색 표현이 됐습니다.

4 오른쪽 어깨의 실드는 커다란 대미지를 만들어서, 모형적인 악센트를 부여. 데칼을 붙인 곳에 대미지 표현을 하면 아주 눈에 띄어서, 보는 사람의 시선을 끌어들입니다. 상처 안에 녹 같은 갈색 얼룩을 추가(가이아 컬러 에나멜 도료 붉은 녹을 사용)해서, 흠집에 차별화도 했습니다. 긁힌 흠집 같은 대미지도 멋집니다.

●밑색

밑색 서페이서는 가이아 노츠 『메카 서프 헤비』를 사용했습니다. 밑색 처리 외에 도색한 뒤에 붓자국 사이로 보이는 회색이 도색면에 정보량을 가미해주는 역할도 합니다. 그래서 일반적인 라이트 그레이가 아니라, 어두운 회색인 메카 서프 헤비를 사용했습니다.

●첫 번째 기본 칠의 포인트

■녹색 1 : 쑥색
■녹색 2 : 밝은 회백색(2)
■백팩 : 저먼 그레이/회색
■다크 그레이 : RLM74 그레이 그린
■관절 : 밑색 그대로

도색은 어디까지나 묽게, 너무 겹쳐 칠하지 않고, 색이 전부 입혀지지 않아도 일단 전체를 칠하며 진행합니다. 최종적으로 세 번 정도 칠해서 색을 확정한다는 이미지인데, 이렇게 하면 너무 두껍게 칠해지는 걸 막을 수 있습니다. 그리고 앞서 말한 것처럼 완전히 칠하는 게 아니라 밑색의 회색을 남기는 것도 포인트입니다.

붓놀림은 기본적으로 각 부위에서 한 방향으로 붓을 움직이는데, 기본은 중력 방향에 대해 수직 방향. 단, 이쪽이 더 멋지겠다 싶은 경우에는 임기응변으로. 어깨 아머는 스파이크를 중심으로 방사상으로 칠했고, 팔과 머신건은 통의 테두리를 따라가는 느낌으로 칠했습니다.

●두 번째 기본 칠의 포인트

첫 번째보다 약간 밝은색으로 터치를 추가합니다. 퇴색과 하이라이트 이미지라는 느낌으로.

■녹색 1 : 스카이
■녹색 2 : 라이트 블루
■백팩 : 저먼 그레이/퇴색
■다크 그레이 : 군함색
■관절 : 밝은 회백색(1)

두 번째 칠하는 색은 첫 번째보다 명도가 높은 색을 선택하는 것이 기본이지만, 단순히 같은 계열의 밝은색을 고르는 것보다 색감이 약간 다른 색을 선택하면 보다 재미있는 변화를 줄 수 있습니다. 그리고 이 색으로 최종적인 색감이 정해집니다. 이번에는 기본이 되는 녹색 두 가지에 대해, 녹색1은 첫 번째보다 노란 느낌이 강한 스카이, 녹색2는 색조가 크게 다른 라이트 블루를 선택했습니다. 이 선택으로 같은 녹색 계통이지만 최종적으로는 전혀 다른 표정의 녹색이 되었다고 생각합니다. 색을 입히는 방법은 첫 번째와 마찬가지로 가능한 한 묽게. 첫 번째와 다르게 전체가 아니라 디테일, 면 안쪽에 넣어줍니다.

●마무리

타미야 에나멜 『다크 그레이』로 스펀지 치핑을 해준 뒤에, 프리미엄 탑코트 『반광』으로 전체를 보호한 뒤에 타미야 먹선 도료 『다크 브라운』으로 워싱, 면봉으로 닦아줍니다. 면봉으로 닦아내는 방법은 붓도색 때와 마찬가지입니다.

마지막으로 치핑이 크게 들어간 부분, 흠집으로 넣은 웨더링 등에 가이아 에나멜 『붉은 녹』으로 흠집 안쪽에 노출된 녹슨 부분을 그려 넣으면 끝입니다. 자쿠는 거의 같은 계열 색으로 구성된 기체입니다만, 그만큼 색감으로 이것저것 놀아봐도 최종적으로 잘 정리되는 기체입니다. 여러분도 꼭, 녹색에 조금씩 추가해가며 즐겨봐 주세요!

# E.F.S.F. PROTOTYPE MOBILE
# RX-78-02 GUN

BANDAI SPIRITS 1/100 스케일 플라스틱 키트 "마스터 그레이드"

## RX-78-02 건담(GUNDAM THE ORIGIN 버전)

제작·글/**키노스케**

BANDAI SPIRITS 1/100 scale plastic kit "Master Grade"
RX-78-02 GUNDAM (GUNDAM THE ORIGIN)
modeled & described by KINOSUKE

# 모형 도료의 왕도 「래커 도료」로 건담을 붓도색!

자쿠에서 사용했던 수성 하비 컬러는 리뉴얼을 통한 성능 향상으로 주목을 모았습니다만, 모형용 도료의 왕도라고 한다면 역시 아직은 「래커 도료」입니다. 아름다운 광택과 매끄러운 도색면. 조절하기 쉬운 정착력과 빠른 건조 등등, 모형을 칠하는 데 필요한 성능을 보유했습니다. 아직도 많은 모형점 등에서 취급해서 구하기 쉽다는 점도 중요한 포인트입니다. 냄새가 세다는 문제가 있지만, 붓도색이라면 에어브러시처럼 도료를 방 안에 확산시키는 일은 없으니까, 창문을 열고 환기가 잘 되는 곳에서 칠하면 충분히 즐길 수 있습니다.

래커 도료를 사용하는 붓도색은 밑색과 그 위에 칠한 색이 부품 위에서 녹아 어우러지면서 절묘한 색감을 자아내는 것이 특징입니다. 일본 모형 세계에서는 이것을 '도료가 운다'라고 합니다. 이 질감이 중후한 느낌을 연출해서 정말 멋집니다. 이 '우는' 특징을 활용해서 RX-78-02 건담(GUNDAM THE ORIGIN판)을 패키지 아트처럼 중후한 느낌을 목표로 칠해보겠습니다. 자, 래커 도료 붓도색의 즐거운 세계로 뛰어들어봅시다!

**칠한 사람**

**키노스케**

「마시넨크리거」를 계기로 래커 도료 붓도색에 눈을 뜬 모델러(붓도색과 모형 제작을 시작한 계기는 P.75의 작례 기사에 나옵니다). 모형 잡지 「월간 하비재팬」에서도 캐릭터 모형부터 스케일 모형까지 다양한 장르의 붓도색 작례를 맡고 있습니다.

## 건담의 기본 도색에 사용하는 도료와 붓

먼저 사용할 래커 도료를 소개합니다. GSI 크레오스, 타미야, 가이아 노츠 등 래커 도료를 발매하는 각 메이커 중에서 좋은 색을 골라봤습니다! 꼭 이 색들을 구비해서 따라 해 보세요.

**타미야 갈색 (육상 자위대)**

▲하얀색의 바탕색과 장갑 안쪽에 이 갈색을 사용합니다.

**가이아노츠 NAZCA 뉴트럴 화이트**

▲흰색에 사용하는 도료. 차폐력이 상당히 강한 특징이 있습니다.

**GSI 크레오스 레드 FS11136**

▲빨간 도색의 바탕색으로 사용.

**GSI 크레오스 RX-78 레드 Ver, 애니메 컬러**

▲채도가 낮고 명도가 높은 빨강. 빨강 그러데이션 도색에 사용.

**GSI 크레오스 오렌지**

▲노란 바탕색으로 사용.

**가이아노츠 NAZCA 만달린 옐로**

▲노란색 메인 컬러로 사용.

**GSI 크레오스 퍼플**

▲파란색 바탕색으로 사용.

**GSI 크레오스 MS 블루**

▲파란색 메인 컬러로 사용

**GSI 크레오스 RLM76 라이트 블루**

▲파란색 하이라이트 색으로 사용.

**GSI 크레오스 RLM66 블랙 그레이**

▲관절색으로 사용

**GSI 크레오스 무광 블랙**

▲검정은 여러모로 편리하니까 하나쯤 준비해두면 좋습니다.

**작품을 하나 만들면 처분! 항상 신품으로 쓰고 싶으니까 100엔 샵붓**

**다이소 평붓 4개**

▶100엔 샵의 붓은 싸니까 작품을 만들 때마다 새 붓을 준비해서 칠하는 데 최적. 작품을 하나 만들면 처분합니다.

▲평붓 4자루 세트에는 붓 모양이 네모진 것과 끝으로 갈수록 가늘어지는 타입이 들어 있어서, 세세한 곳을 칠하는 데도 대응할 수 있습니다.

**GSI 크레오스 Mr.컬러 레벨링 희석액(특대)**

▶레벨링 희석액으로 도료를 희석하면 도료 건조를 지연시켜서 천천히 마르니까, 매끈한 표면을 만들기 쉽습니다.

# 하얀색 바탕으로 갈색을 칠하자

먼저 흰색을 칠하기 전에 흰색의 바탕색으로 「갈색」을 칠합니다. 도료 정착을 좋게 해주고 싶어서 회색 캔 서페이서를 뿌렸습니다만, 래커 도료는 원래 정착력이 좋으니까 성형색 위에 직접 칠해도 됩니다.

▶타미야 갈색(육상 자위대)를 사용합니다. 먼저 부품 안쪽에, 완성하면 얼핏 노출될 것 같은 부분에 갈색을 칠합니다. 이것이 음영색이 되면서 작품을 탄탄하게 보이도록 해줍니다.

▲안쪽을 다 칠한 상태. 얼핏 보이는 곳이니까 사진에 있는 정도로 칠해도 아무 문제 없습니다.

더 희석합니다!

▲다음으로 부품 표면에 칠합니다. 안쪽을 칠할 때보다 묽게 희석하는 것이 포인트입니다.

▶첫 번째는 서페이서 색(성형색 위에 칠할 땐 성형색 흰색)이 비칠 정도로 칠해도 문제없습니다.

바탕색 완료!

▲첫 번째 칠을 마친 상태. 바탕색이 비치고 붓자국이 거칠게 남았습니다. 이 상태에서 말립니다.

▲래커 도료는 빨리 말라서 정말 좋습니다. 5분 정도 놔두면 완전히 마릅니다. 마르면 마찬가지로 덧칠을 해줍니다.

▲두 번 칠한 상태. 이걸로 바탕색 완료입니다. 완전히 마르면 흰색을 칠합니다.

# NAZCA 뉴트럴 화이트는 흰색 붓도색에 적합!!

건담에서 칠할 면적이 가장 넓은 '흰색'. 흰색 붓도색에는 어느 정도 차폐력이 높은 도료 쪽이 컨트롤하기 편합니다. 차폐력이 낮은 흰색을 사용하면 아무리 칠해도 발색하지 않아서 칠한 면이 지저분해집니다. NAZCA의 뉴트럴 화이트는 건담에 딱 맞는 느낌의 하얀색과 높은 차폐력을 지녔습니다. 건담 계열을 붓으로 칠할 때는 정말 마음 든든한 도료입니다.

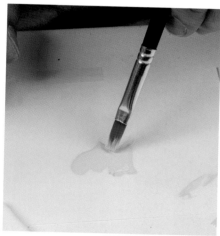

▲종이 팔레트에 덜고, 레벨링 희석액으로 희석합니다. 너무 묽게 하지는 말고, 팔레트 위에서 칠하기 편하겠다 싶을 정도로 뻗어 나갈 정도가 되면 준비 완료. 병에서 꺼낸 상태 그대로 칠하면 너무 진하니까 주의하세요.

▲같은 곳만 여러 번 칠하지 말고, 한 번 칠했으면 옆으로 옮겨가면서, 일단은 묽어도 좋으니까 전체적으로 칠해주세요. 이렇게 밑색이 비쳐도 됩니다. 부품 모서리도 억지로 칠하면 도료가 고여서 두꺼워지니까 주의하세요.

▲붓을 움직이는 방향은 기본적으로 중력 방향에 수직. 위에서 아래로 움직입니다. 일단은 이렇게 전체를 얇게 칠한다고 생각하며 칠하다 보면 전체적인 두께도 거의 비슷하게 나오면서 보다 깔끔하게 칠해집니다.

▲우묵한 부분이나 부품 모서리는 붓이 부품 가장자리에 걸려서 도료가 잔뜩 배출되기도 합니다. 그러니까 붓에 도료를 조금만 머금은 상태로 칠하면 좋습니다.

▲첫 번째 칠 완료. 하얀 붓자국이 확실히 남고, 밑에 칠한 갈색도 상당히 비칩니다. 일단은 이 상태로 잘 말려주세요.

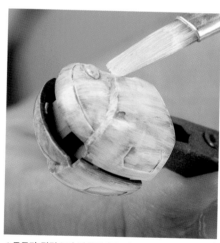

▲도료가 말랐으면 마찬가지로 위에서 아래로 붓을 움직여서 덧칠해주세요.

## 완성! 두 번 칠해서 이 발색!!

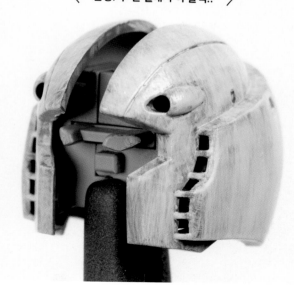

▲옆에서 보면 붓자국이 잘 보여서 붓을 움직인 방향을 알 수 있습니다. 붓을 중력 방향으로 움직이면, 붓자국 덕분에 얼룩이 흐른 텍스처가 생겨납니다.

▲부품의 테두리나 우묵한 부분을 칠할 때 붓에 도료를 조금만 머금고 칠한 덕에, 테두리의 샤프한 느낌을 유지했습니다.

◀두 번 만에 거의 흰색이 발색했습니다. 이것이 「NAZCA 뉴트럴 화이트」의 성능. 흰색을 칠할 때는 특히 '밑색을 완전히 가리자!'라고 생각하며 칠하지 마세요. 밑색이 얼핏 비쳐 보이는 정도가 정보량이 늘어나서 보다 멋지게 보입니다. 웨더링 공정에서 잘 정리할 수 있으니 안심하세요.

# 빨간색 도색의 포인트

빨간색은 두 가지를 사용해서 칠합니다. 미 공군 곡예비행단 '썬더버즈'에서 사용하는 빨간색 이미지로 만든 Mr.컬러「레드 FS11136」을 칠한 뒤에, RX-78 레드 Ver. 애니메 컬러로 하이라이트 터치를 추가하겠습니다.

▲라이트 그레이 서페이서를 바탕색으로 사용했으니까, 그대로 빨간색을 칠해보겠습니다.

▲먼저 도료가 잘 칠해지도록, 레벨링 희석액을 이용해서 레드 FS11136을 취향에 맞는 농도로 희석합니다.

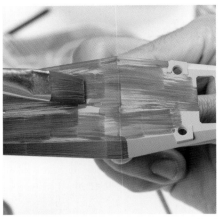

▲다이소 붓 세트 중에서 가장 폭이 넓은 평붓을 사용해서 빠르게 칠합니다. 여기도 한 곳을 여러 번 칠하지 말고, 일단 전체를 칠해주세요.

▲첫 번째 칠을 마친 상태. 붓자국의 거칠고 힘찬 느낌이 좋습니다! 일단 이 상태에서 말립니다.

▲실드 모서리나 테두리는 하얀색 때와 마찬가지로, 붓에 도료를 조금만 머금어서 너무 두꺼워지지 않도록 주의하면서 칠해주세요.

▶레드 FS11136을 두 번 칠한 상태. 밑색이 슬쩍 비치긴 하지만, 거의 빨간색이 발색했습니다. 이 상태에서 RX-78 레드 Ver. 애니메 컬러를 덧칠해주면, 밑색이 비치는 곳과 아닌 곳의 색감이 미묘하게 변화하면서, 보다 풍부한 표정을 연출해줍니다.

**＼ 더 묽게 사용합니다 ／**

▲레드 FS11136을 칠할 때보다 살짝 묽다 싶게 희석. 그러면 먼저 칠한 빨간색이 비치면서 그러데이션 효과를 발휘하기 쉽습니다.

▲RX-78 레드 Ver. 애니메 컬러는 부품 중앙을 중심으로 칠해나가세요. 부품 바깥쪽에서 안쪽으로 가면서 점점 밝아지는 그러데이션이 됩니다.

▶완성! 덧칠한 RX-78 레드 Ver. 애니메 컬러 덕분에 표정이 풍부한 방패를 칠했습니다.

# 보라색부터 시작! 파란색 도색의 포인트

파란색 도색의 포인트는 '보라색' 밑색. 보라색이 자연스러운 음영색이 되면서, 파란색의 발색을 도와주는 효과도 있습니다. 처음부터 파란색을 칠하는 것보다 멋있으니까, 꼭 따라해보세요.

▲가슴 장갑의 파란색을 칠해보겠습니다! 사진에서는 분리되어 있지만 프레임에 조립해두는 쪽이 전체 밸런스가 잘 보이니까, 조립한 상태에서 칠하겠습니다.

▲보라색을 칠합니다. 붓은 위에서 아래로. 디테일 안에도 도료가 들어가게 칠합니다.

▲보라색을 두 번 칠한 상태. 디테일에도 잘 칠해졌습니다. 이것이 좋은 음영이 되어줍니다.

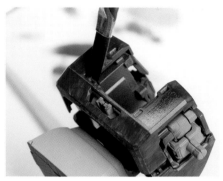

▲보라색이 완전히 마르면 MS 블루를 칠합니다. 먼저 면 중앙부터 칠하고, 점점 바깥쪽으로 칠해나갑니다.

▲첫 번째 칠 완료. 보라색이 너무 비쳐서 조금 불안한 느낌. 하지만 괜찮습니다. 이 상태에서 잘 말린 뒤에 다시 파란색을 칠합니다.

▲도료는 묽게, 붓은 짧게 움직여서 겹칠합니다. 먼저 칠한 보라색과 MS 블루가 부품 표면에서 녹아 어우러지면서 좋은 그러데이션이 생겨납니다.

▲두 번 칠한 상태! MS 블루가 잘 발색했습니다. 마르면 RLM76 라이트 블루로 하이라이트를 추가합니다.

▲RLM76 라이트 블루만 칠하면 색 변화가 너무 심하니까, MS 블루를 조금 섞어줍니다.

▲먼저 칠한 파란색과 보라색을 완전히 덮어버리지 않게, 부품 중앙과 안쪽을 중심으로 칠합니다.

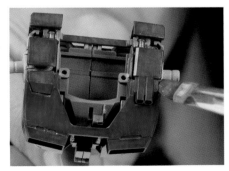

▲이렇게 윗면 부품은 붓으로 콕콕 찍는 것처럼 칠해주면, 표면에 적절하게 하이라이트가 들어갑니다.

▶파란색 칠 완성!! 가슴 장갑 모양에 따라서, 붓자국이 위에서 아래로 흐르는 게 보입니다. 이 상태에서는 색 차이가 너무 강해 보이지만, 마지막에 워싱과 웨더링을 하면 색이 많이 가라앉으니까, 일부러 선명한 색을 사용했습니다.

▲프레임에 조립해서 칠하면 부품의 틈새도 칠하기 쉽습니다.

# 노란색은 끈기 있게 발색! 노란색 도색의 포인트

노란색은 발색하기 어려운 색. 처음부터 메인 컬러를 칠하는 게 아니라, 같은 계열 색을 먼저 칠하고 점점 메인 노란색에 가깝게 칠해주세요.

▲빨간색 때도 등장했던 레드 FS11136, 오렌지, 만다린 옐로 3색을 사용합니다.

▲레드 FS11136과 오렌지를 섞어서 붉은 느낌이 강한 오렌지색을 만듭니다.

▲앞에서 만든 오렌지가 첫 번째 밑색. 전체적으로 두 번쯤 칠했습니다.

▲다음으로 오렌지를 병에 든 색 그대로 칠합니다.

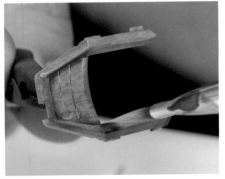

▲오렌지도 차폐력이 강한 색이 아니니까, 묽은 도료로 세 번 정도 칠해주세요.

▲오렌지를 칠한 상태. 밑의 불그스름한 오렌지가 비칩니다.

▲마지막으로 만다린 옐로를 칠합니다. 먼저 칠한 색을 다 덮어버리지 않게 신경 쓰면서 붓을 놀립니다.

▲완성!! 노란색이 잘 발색됐습니다. 발색하기 힘든 색을 칠할 때는 밑색을 잘 생각해보세요.

\ 기본 도색 완료!! /

▶각 장갑에 색을 칠한 뒤에 프레임을 Mr.컬러 「RLM656 블랙 그레이」로. 각 부품에서 밑색이 비치고 부품 표면에서 밑색과 덧칠한 색이 섞이면서 생겨난 표정을 볼 수 있습니다. 덕분에 일반적인 단색 도색보다 색의 정보량이 많아졌습니다. 이번에는 발을 하드하게 더럽히기 위해, 하반신에만 반광 스프레이를 뿌렸습니다.

# 마무리에 사용할 도료!

여기서부터는 웨더링을 중심으로 마감 도색 공정에 들어갑니다. 다음의 도료가 활약합니다.

**Mr.웨더링 컬러**

▲GSI 크레오스를 대표하는 웨더링 도료. 유채 베이스로 상당히 잘 칠해져서 다양한 웨더링 도색을 즐길 수 있습니다.

**타미야 먹선 도료**

▲에나멜 도료 베이스 타미야 먹선 도료. 다크 브라운이 아주 편리. 먹선부터 워싱까지 폭넓게 사용할 수 있습니다.

**타미야 웨더링 마스터**

▲세미 웨트 타입 고형 도료. 발의 흙이나 먼지 얼룩을 간단히 추가할 수 있습니다.

**게임즈 워크숍 시타델 컬러**

▲이번에는 치핑에 사용. 상당히 잘 칠해지고 사용하기 쉬워서, 세세한 치핑 도색에 적합합니다.

##  회색 부품을 더럽혀보자

▲무기와 관절에 Mr.웨더링 컬러 멀티 그레이를 칠해서 슬쩍 때가 탄 분위기를 표현하겠습니다. 부품 전체에 묽게 발라줍니다.

▲웨더링에서도 얼룩이 흐를 것 같은 방향을 의식하면서 칠하면 설득력이 생깁니다.

▲전체에 칠한 도료를 면봉으로 닦거나 퍼트리면서 조절합니다. 닦아낼 때도 얼룩이 흐를 것 같은 방향으로 닦아내거나 표면을 두드려주세요.

▲완성! 각 디테일의 틈새로 어렴풋이 회색 얼룩이 보이고, 포신에 얼룩이 흐른 자국이 보여서 멋집니다.

##  본체를 Mr.웨더링 컬러로 더럽혀보자!

▲Mr.웨더링 컬러 멀티 블랙과 그레이시 브라운을 1:1 정도로 섞어서 사용합니다.

▲전체에 처덕처덕 바르는 게 아니라, 각 부품에 웨더링 컬러를 점점이 찍어줍니다. 이것 때문에 도색한 부품의 광택이나 색감이 크게 달라지지는 않습니다.

▲점점이 찍어준 웨더링 컬러를 표면에 묽게 퍼트리거나, 전용 웨더링 컬러 희석액을 머금은 붓으로 아래쪽으로 쓸어주거나 두드려줍니다.

▲붓으로 도료를 쓸어준 세세한 붓자국이 얼룩이 흐른 것 같은 선이 됩니다.

▲그 뒤에 면봉으로 닦아낼 곳은 잘 닦아내서, 지저분한 부분과 깨끗한 부분의 차이를 강조해줍니다.

▲면봉으로 점묘한 도료 위에서 톡톡 두드려주면, 표면에 남은 얼룩 같은 느낌을 추가할 수 있습니다.

▶웨더링 컬러로 웨더링 도색 완료! 웨더링 컬러는 마르면 무광이 됩니다. 그래서 붓자국도 남지 않으니 일거양득입니다!!

## 시타델 컬러와 낡은 붓으로 흠집 표현

▲시타델 컬러 ABADDON BLACK에 KANTOR BLUE와 CORAX WHITE를 섞어서 푸르스름한 회색을 만듭니다.

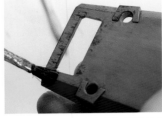

▲혼색한 도료를 낡아서 너덜너덜한 붓에 묻혀서, 부품의 모퉁이와 흠집이 날 것 같은 곳에 콕콕 찍어줍니다. 너덜너덜한 붓 덕분에 랜덤한 흠집이 생깁니다.

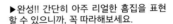

▲마르기 전에는 물에 적신 면봉으로 간단히 지워낼 수 있습니다.

▶완성!! 간단히 아주 리얼한 흠집을 표현할 수 있으니까, 꼭 따라해보세요.

## 발을 하드하게 더럽혀보자!

▲발은 Mr.웨더링 컬러와 타미야 웨더링 마스터로 더럽힙니다. 먼저 웨더링 컬러를 사용해서 더럽힙니다.

▲그레이시 브라운에 멀티 블랙을 살짝 추가. 진흙 얼룩 같은 색을 만듭니다.

▲이쪽도 몸통처럼 각 부품 위에 점점이 찍어줍니다.

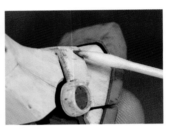

▲웨더링 컬러 전용 희석액을 머금은 면봉으로 도료를 쓸어줍니다.

▲그 뒤에 타미야 웨더링 마스터 A세트의 샌드나 머드를 발에 문질러주세요.

▲동봉된 브러시의 스펀지 부분으로 문지르면, 보다 많은 도료를 모형에 입혀줄 수 있습니다.

▲솔을 사용하면 드라이 브러시 같은 감각으로 입힐 수 있습니다. 원하는 웨더링 수준에 따라서 스펀지와 솔을 구분해서 사용하세요.

▲완성!! 웨더링 컬러로 전체에 먼지 얼룩을 입히고, 타미야 웨더링 마스터로 알갱이 느낌이 있는 흙 얼룩을 묻혔습니다. 이것으로 모든 도색 공정 종료!

[1] 머리는 표면 웨더링만 하고, 치핑은 거의 안 했습니다. 각 부분에 따라 대미지 레벨을 조절해주면 좋습니다.

[2] 기본 도색이 끝났을 때는 대비가 강했던 몸통 그러데이션. Mr.웨더링 컬러를 사용하면 이렇게 차분해집니다.

[3] 오리진 특유의 방향으로 실드를 잡는 「건담(GUNDAM THE ORIGIN판)」 실드는 이 건담의 아이콘이라고 할 수 있는 부분이니까, 키노스케도 그러데이션을 꼼꼼하게 칠해서 중후한 느낌을 실현했습니다. 연방군 십자 마크의 하이라이트 도색도 포인트입니다.

# 패키지 일러스트의 중후한 느낌을 래커 도료 붓도색으로 표현하고 싶다!

「RX-78-02 건담」이라는 국민적인 모티프를 어떻게 칠할지 고민했는데, 편집부에서 보내준 키트의 패키지 일러스트를 보고서 바로 '이거다!'라고 결정. 전화에 휘말린 시가지를 배경으로 서 있는 건담의 전신에 웨더링 처리가 되어 있는데, 수많은 격전을 치르고 보급도 제대로 못 받은 화이트 베이스의 고군분투를 보여주는 것 같은 멋진 일러스트입니다.

### ●채도 조절
이 일러스트를 베이스 이미지로 삼아, 붓도색만의 붓 터치를 살린 도색을 했습니다. 도색하면서 의식한 것은 채도(선명도)와 명도(밝기). 모티프에 따라 달라지기는 하지만, 작품 전체의 채도가 낮으면 전시회 등에서 눈이 잘 가지 않는다는 인상이 있기 때문에, 채도 조절이 중요하다고 생각합니다. 채도는 조절하기가 힘들고, 겹칠을 통해서 채도(낮음)→(높음)을 조정하는 건 정말 어렵습니다. 반대로 채도(높음)→(낮음)으로 조정하는 쪽은 간단하니까, 채도가 높은 색을 밑색으로 선택했습니다.

이번에 파란색의 밑색으로 사용한 퍼플은 얼핏 보면 너무 요란하다고 여겨질 수도 있지만, 퍼플→파랑→하이라이트→웨더링 컬러 순서로 칠하면 채도가 낮아지고 차분한 색이 됩니다.

### ●추천하는 회색 도료!
건담을 만들 때 흰색도 큰 포인트입니다. 제가 열심히 추천하고 싶은 도료는, 프로

모델러 NAOKI 씨가 프로듀스한 NAZCA 컬러의 「뉴트럴 화이트」. 한색도 난색도 아닌 흰색(밝은 회색)이고, 건담 계열 흰색의 결정판이라고 해도 될 만큼 사용하기 편한 도료입니다.

### ●완전히 분해해서 칠하지 않는다
붓도색 할 때 또 하나의 큰 포인트는, 부품 단위로 칠하지 않는다는 점입니다. 부품별로 칠하면 칠하는 톤이 제각기 달라지기 때문에, 가능한 한 '다리', '팔' 등의 단위별로 칠합니다. 관절 등 메카 부분의 칠을 뒤로 미루면, 장갑 색이 관절에 묻더라도 나중에 덮어 칠하면 되니까, 전혀 신경 쓸 필요 없습니다.

### ●마무리는 Mr.웨더링 컬러
기본 도색에서 각 색이 따로 노는 기분이 들더라도, 마지막 웨더링에서 필터링을 한 번 해주면 전체적으로 통일된 느낌이 드니까, 크게 신경 쓸 필요 없이 칠하는 자체를 즐기면 됩니다. 붓도색의 매력은 '완성'이라는 목표 지점을 스스로 정하기 쉽다는 데 있다고 생각합니다. 일단 완성했다 싶어도 신경 쓰이는 부분이 있으면 추가로 칠하면 되고, 사용한 도료가 떨어져도 개의치 말고 비슷한 색으로 칠하세요(실제로 이번에도 그렇게 칠했습니다). 이번 제작에서는 붓으로 마음대로 칠한다는 원초적인 놀이를 마음껏 즐길 수 있는 붓도색이 정말 좋다고 생각했습니다.

시미즈 케이의 붓도색 스타일

# 이 책의 자쿠도 「거실」에서 태어났다

P.22부터 게재된 MG 자쿠 Ver.2.0 작례도 이 거실에서 칠했습니다. 시미즈 씨는 냄새가 순한 수성 도료 '수성 하비 컬러'를 사용해서 붓도색합니다. 거실에서 커팅 매트 한 장만 깔 수 있는 공간을 확보하고, 조립과 도색을 즐깁니다. 서페이서를 뿌릴 때만 다른 방에 있는 도색 부스에서 뿌린다고 합니다. 다른 방이 아니라 거실에서 작업하는 이유는, 사실 치우는 문제도 있습니다. 전용 공간에서 작업하면 자꾸만 공구나 도료를 늘어놓고 어지럽히기 쉬운데, 그러면 가족이 좋아하지 않겠죠. 거실에서 제작하면 매번 꼭 치우게 되고, 그러면서 그 치우는 때가 제작의 한 고비가 되니까, 모티베이션을 유지하기 쉽다고 합니다.

시미즈 씨의 거실 모델링을 같이 보도록 합시다.

① 여기가 항상 제작과 붓도색을 즐기는 거실. TV를 보면서 모형을 즐길 수 있습니다. 커팅 매트 한 장, 공구와 도색 도구, 조명을 세팅해서 작업합니다. 조명은 아주 중요합니다.

② 제작에 필요한 공구를 넣어둔 도구 상자. 사포와 핀 바이스, 퍼티를 반죽할 때 사용하는 립 크림 등도 있습니다. 거실로 가져갈 공구를 고르면서, 꼭 필요한 공구를 다시 검토할 기회도 됩니다.

③ 이 사진만 봐도 알 수 있듯이, 스탠드로 밝은 조명을 확보. 거실이 밝은 것 같아도, 천장 조명만으로는 그림자가 생기기도 해서 보기 힘들어집니다.

④ 여기가 다른 방에 있는 도색 부스. 서페이서나 마감제 스프레이를 뿌릴 때 사용. 의자는 없고, 서서 작업합니다.

⑤ TV장 아래에는 무인양품 등에서 구입한 상자가. 여기에 도료와 면봉 등의 소모품을 수납합니다.

⑥ 거실 테이블 옆에 수납한 모형 용품들.

**키노스케의 붓도색 스타일**

# 월셋집에서도 궁리한
# 커스터마이즈!

멋진 붓도색으로 건담을 만든 키노스케. 월셋집이지만 선반이나 타공판을 설치할 수 있게 궁리했습니다. 포인트는 방의 크기에 맞춰 자른 목재. 이것을 벽 앞에 기둥으로 세웁니다. 그러면 벽에 구멍을 뚫을 필요도 없고, 기둥을 이용해서 선반을 설치 가능! 한정된 공간을 최대한 활용하기 위한 고민이 담겨 있습니다.

1 방 모퉁이를 공작 공간으로. 책상 뒤에 보이는 기둥은 홈 센터에서 방 크기에 맞춰 잘라온 목재를 사용해서 설치. 이 기둥을 이용해서 선반과 타공판을 설치했습니다.

2 기둥을 압축봉처럼 설치한 비밀은, 천장 쪽에 있는 조절 잭. 일본 DIY의 인기 상품이라서, '기둥 조절 잭' 등으로 검색하면 찾을 수 있습니다.

3 DIY로 설치한 기둥에 판을 달아서 만든 선반. 모형이나 책은 여기에 수납.

4 창가에는 도색 부스를 설치. 붓도색 전에 서페이서를 뿌리는 데다 에어브러시 도색도 할 수 있고, 자연광으로 색감을 볼 수 있습니다.

5 좋아하는 니토리의 티슈 박스. Mr.웨더링 컬러 용기가 딱 들어갑니다.

6 책상 아래에는 바퀴가 달린 사이드 테이블을 설치. 북유럽 메이커의 가구로, 고정장치를 풀면 케이스 형태 서랍을 자신이 있는 쪽으로 꺼낼 수 있습니다.

7 사이드 테이블 측면에 보틀 등을 넣는 수납공간이 있습니다. 일본 제조사의 용제 용기가 딱 들어가서 아주 편리!!

# 붓도색 트라이브

「붓도색」은 어떤 장르의 프라모델과도 함께할 수 있다! 여기서부터는 모델러 10명의 작품을 통해서 붓도색의 즐거움을 체감해보겠습니다. 그야말로 각양각색이라고 할 수 있는 붓도색 스타일이 여기에 있습니다. '해보고 싶다!'라고 생각되는 도색 방법이 있다면 꼭 따라 해 보세요. 그리고 한껏 즐겨주세요. 자, 당신도 오늘부터 「붓도색 트라이브」의 일원입니다.

**SLEIPNIR**
modeled by MUSASHI

**SCOPEDOG**
modeled by Tadanobu KUNIYA

**YURI GOD BUSTER**
modeled by FURITSUKU

**Putun**
modeled by mutcho

**GERMAN PANZERKAMPWAGEN III Ausf.L & WWII WEHRMACHT INFANTRY SET**
modeled by PURASHIBA

**FERGUSON PETIT GRIS**
modeled by KINOSUKE

**F-14A TOMCAT (LATE MODEL)**
modeled by Kishi OMORI

**F4U-1A CORSAIR**
modeled by York OMATSU

**BEDFORD 'OSB'**
modeled by Yasuhiro OKUGAWA

메카와 생물적인 이미지를 「붓도색」으로 융합한다!!

modeled & described by MUSASHI

카이요도 논스케일
플라스틱 키트 "ARTPLA"
**슬레이프닐**
제작·글/무사시

KAIYODO non scale plastic kit "ARTPLA"
SLEIPNIR
modeled & described by MUSASHI

ARTPLA 슬레이프닐
●발매원/ 카이요도 ●9,790엔, 발매 중 ●약 22cm
●플라스틱 키트 ●원형/ 타니 아키라

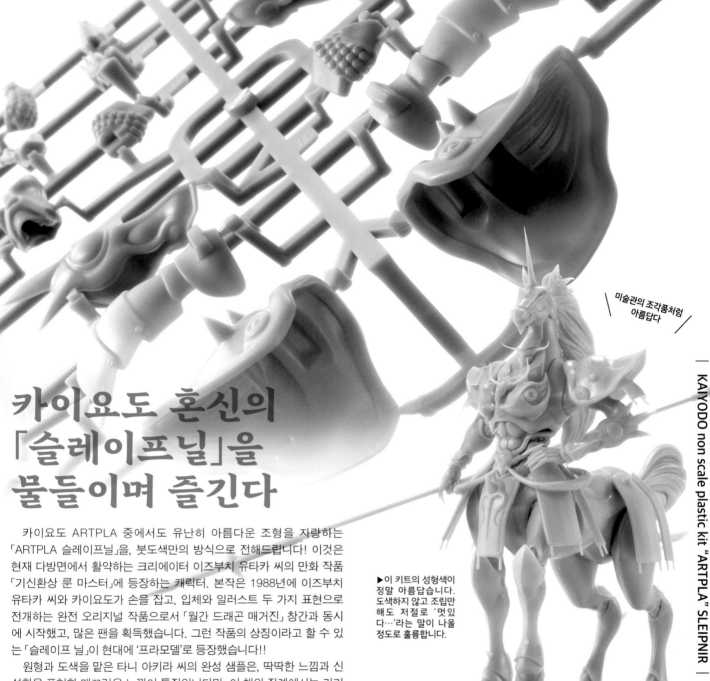

미술관의 조각품처럼 아름답다

# 카이요도 혼신의 「슬레이프닐」을 물들이며 즐긴다

카이요도 ARTPLA 중에서도 유난히 아름다운 조형을 자랑하는 「ARTPLA 슬레이프닐」을, 붓도색만의 방식으로 전해드립니다! 이것은 현재 다방면에서 활약하는 크리에이터 이즈부치 유타카 씨의 만화 작품 「기신환상 룬 마스터」에 등장하는 캐릭터. 본작은 1988년에 이즈부치 유타카 씨와 카이요도가 손을 잡고, 입체와 일러스트 두 가지 표현으로 전개하는 완전 오리지널 작품으로서 「월간 드래곤 매거진」 창간과 동시에 시작했고, 많은 팬을 획득했습니다. 그런 작품의 상징이라고 할 수 있는 「슬레이프 닐」이 현대에 '프라모델'로 등장했습니다!!

원형과 도색을 맡은 타니 아키라 씨의 완성 샘플은, 딱딱한 느낌과 신성함을 표현한 매끄러운 느낌이 특징입니다만, 이 책의 작례에서는 거기에 대항해서 슬레이프닐이 지닌 메카와 생물적인 이미지를 붓도색 터치를 통해 강조하는 방향으로 공략합니다.

'물들이기'라는, 밝은 바탕색 위에 묽은 도료로 모형을 물들여가는 기법을 메인으로 활용하며 칠했습니다! 주로 사용한 도료는 물들이기 전용 도료인 「시타델 콘트라스트」. 자, 최고의 조형을 물들이러 가봅시다!!

▶이 키트의 성형색이 정말 아름답습니다. 도색하지 않고 조립만 해도 저절로 '멋있다…'라는 말이 나올 정도로 훌륭합니다.

\ 5장+베이스로 즐기는 궁극의 입체물 /

▲사람과 말 같은 생물적인 형태의 부품과, 갑주와 메카닉 같은 디테일 부분을 구분한 분할이 런너에서도 보입니다. 완성한 뒤에 디스플레이 할 수 있는 바위 모양 베이스 부품의 박력이 대단합니다.

\ 관절의 치밀한 디테일 표현 /

▲얼핏 기계처럼 보이는 슬레이프닐의 이미지를 부여하는 관절 부품에는 세밀한 디테일이 담겨 있어서, 붓도색의 달성감도 엄청납니다.

\ 상자 측면의 분할 일러스트에 주목!!! /

▲ARTPLA의 설명 일러스트와 패키지 디자인을 맡은 분은 다방면에서 활약하는 디자이너 코가 마나부 씨. 측면의 분할도를 자세~히 보면… 이거, 도색하기 정말 편하게 분할되어 있습니다! 도색을 전제로 조립하는 분은, 꼭 상자 측면의 분할도를 참고하며 조립해주세요!!

# 「갈기」를 물들여보자!

## 무사시

오리지널 개러지 키트 브랜드 「craftperson」의 원형, 제조, 채색을 담당. 하비재팬의 도색 How to 계열 단행본에서 다수의 붓도색 기사를 담당했고, 하비숍 스태프 경험을 살려서 붓도색 실연도 하고 있습니다.

### 밑바탕은 검은 서페이서, 그리고 하얀 서페이서!

▶음영을 보다 선명하게 해주기 위해 검은색 서페이서를 뿌리고, 우묵한 곳을 전부 채우지 않게 하얀색 서페이서를 뿌립니다. 모두 캔 스프레이로 뿌렸습니다.

▶슬레이프닐의 메인 컬러는 물들이기 전용 도료 「시타델 콘트라스트」를 사용. 묽은 도료로, 흰색이나 라이트 그레이색 위에 칠하면 예쁘게 물들고, 볼록한 부분에는 도료가 잘 남지 않으면서 자연스러운 그러데이션이 생겨납니다. 시타델 컬러의 밝은 흰색 「WHITE SCAR」는 마지막에 드라이 브러시에 사용합니다.

### 두 색을 씁니다

### 콘트라스트가 더 매끄러워지는 마법의 액체

◀도료의 유동성을 높여서, 갈기처럼 세세한 디테일의 우묵한 곳까지 도료가 잘 들어가게 해주고 싶을 때 크게 활약하는 'CONTRAST MEDIUM'. 이것은 농도를 바꾸지 않고 색을 옅게 만들 수도 있고, 도료가 잘 흐르게 해줍니다. 묽게 물들이고 싶거나 더 균일하게 물들이고 싶을 때 사용하면 편리합니다.

### 농도가 다른 2종류 보라색을 준비

▲사용할 콘트라스트는 「MAGOS PURPLE」. 팔레트에 용기에서 던 상태 그대로와, CONTRAST MEDIUM을 조금 섞은 것을 준비합니다.

### 세로 방향으로 물들여갑니다

▲먼저 병 상태 농도의 퍼플로 물들입니다. 털의 흐름을 따라, 뿌리에서 끝을 향해 붓을 움직이고 싶지만, 정수리부터 목을 향해 세로 방향으로 이동하면서 전체를 물들이세요. 그쪽이 도료가 균등하게 입혀집니다.

### 같은 곳을 여러 번 칠하지 마세요!

▲전체를 물들였습니다! 여기서 마르기 전에 칠한 곳을 건드리지 마세요. 콘트라스트는 마르기 전에 건드리면 얼룩처럼 돼버립니다.

### 냉풍으로 빨리 말리자!

▲그래서 드라이어가 있으면 편리. 냉풍으로 살살 말려주세요. 완전히 마르면 다음 공정으로.

### 뿌리를 짙게 물들이자!

▲다시 「MAGOS PURPLE」(더 진하게 하고 싶은 분은 시타델 셰이드 「DRUCHII VIOLET」을 추천)로 뿌리만 물들입니다. 이렇게 하면 뿌리와 끝의 그러데이션의 강약이 더 두드러집니다.

### 희석한 보라색 차례입니다

◀뿌리가 말랐으면 CONTRAST MEDIUM으로 희석한 퍼플을, 뿌리색을 칠하지 않은 곳에 칠합니다.

### 중간에서 끝을 향해 물들여갑니다

▶뿌리색을 칠하지 않은 곳을 물들입니다. 이렇게 하면 뿌리, 중간, 털끝까지 3단계 그러데이션이 자연스럽게 생겨납니다.

## 게임즈 워크샵 스태프 시절에 배웠던 강좌가 모든 것의 시작

**—무사시 씨와 붓도색의 만남에 대해 이야기 해주세요.**

무사시 : 처음에는 포스터 컬러나 펜으로 막 칠하면서 놀았습니다. 젊을 때 그림을 배우다가 홀베인 에어브러시를 알게 됐고, 그 뒤로는 에어브러시만 썼죠. 사실 붓도색과 만난 건 어른이 돼서였습니다.

**—어떤 계기였나요?**

무사시 : 하비숍에서 일했고, 그 뒤에 게임즈 워크숍에서 일했습니다. 하비숍에서 시타델 컬러와 아크릴 도료의 존재를 알았고, 그 뒤에 게임즈 워크숍 스태프가 됐고, 거기서 처음으로 붓도색 강좌를 받았죠. 그 강좌가 저와 붓도색의 본격적인 만남이었습니다. '붓으로 저렇게 깔끔하게 칠할 수 있는 거야?'라고 반신반의하면서 시타델 컬러를 쓱 발라봤을 때의 충격은 지금

도 잊을 수가 없습니다. 거기서 배운 기본은 지금도 소중히 여기고, 붓도색을 즐기는 기본자세가 됐습니다. 그러니까, 만약 근처에 워해머 스토어가 있다면, 꼭 가게에 가서 스태프분께 질문해보세요. 저처럼 붓도색이 즐거워지는 기본을 배울 수 있습니다.

처음부터 붓도색을 했던 게 아니라, 에어브러시→붓도색 순서를 거쳐왔습니다. 그래서 지금도 둘 다 좋아하고 같이 사용하고 있습니다. 어느 쪽이건 에어브러시라서 가능한 것과 붓도색으로만 가능한 것이 있으니까, 그 재미에 빠져서 매일 도색을 즐기고 있습니다.

▲ 아름다운 그러데이션으로 물들였습니다!

# 체표면 물들이기와 드라이 브러시

▲콘트라스트 완료! 콘트라스트가 요철에 흘러 들어가서 도료가 우묵한 부분에 고이고, 볼록한 부분은 옅게 물들면서 저절로 그러데이션이 생겨납니다. 물들이기만 해도 괜찮은 음영과 완급 효과를 즐길 수 있는 최고의 도료입니다.

## 희석한 보라색으로 물들입니다

▲슬레이프닐 본체는 요철이 적고 매끈하니까 완급을 주기 힘듭니다. 그래서 CONTRAST MEDIUM으로 희석한 퍼플로 가볍게 물들여서 옅은 보라색으로 칠해볼까 합니다.

## 붓을 짧고 세세하게 움직여서

▲보통 붓도색을 하는 것처럼 붓을 짧게 움직입니다. 곳곳에 살짝 얼룩이 지지만, 나중에 드라이 브러시 때 좋은 효과를 연출해 주니까, 신경 쓰지 말고 전체를 묽게 물들여갑니다.

## 콘트라스트는 마르면 발색합니다!

▲몬트라스트는 마르면 제대로 발색합니다. 마르기 전에 '물든 게 맞나?'라는 생각이 들어도 꾹 참고 다 마를 때까지 기다리세요. CONTRAST MEDIUM으로 희석해도 이렇게 재대로 색이 나옵니다.

◀프라 모델의 좋은 점은 자신의 발상에 따라 원하는 색으로 칠할 수 있다는 점. 슬레이프닐이 원작이나 일반적으로는 파랗고 하얀 이미지가 많습니다만, 무사시는 콘트라스트를 써서 '고귀한 색'으로 칠하기 위해, 그리고 장갑의 금색과 은색에 어울리는 색으로서 붉은 보라색을 선택했습니다.

## 드라이 브러시로 하이라이트 추가!!

▲WHITE SCAR에 MAGOS PURPLE을 아주 조금 섞어서 드라이 브러시를 하겠습니다.

## 드라이 브러시 붓이 있으면 편리!

▲요즘은 드라이 브러시용 붓도 발매되고 있습니다. 전용인 만큼 도료를 핀포인트로 찍어줄 수 있어서, 퀄리티가 크게 향상됩니다.

## 여분의 도료는 키친타월에 닦아줍니다

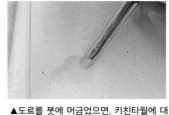

▲도료를 붓에 머금었으면, 키친타월에 대서 거의 색이 안 나올 때까지 여분의 도료를 빼주세요. 이 버석버석한 상태의 붓으로 모형에 문질러줍니다.

## 먼저 부품 모서리를 노리고

▲드라이 브러시는 부품의 모서리나 디테일이 튀어나온 곳에 붓을 문질러서 하이라이트를 넣는 기법입니다. 버석버석한 붓으로 문지른 곳만 밝아지면서, 간단히 그러데이션 도색을 즐길 수 있습니다.

## 살살, 털끝으로 문지릅니다!

▲너무 세게 문지르면 터치가 거칠고 꼴사납게 보입니다. 삭삭, 살살 붓을 문질러 주세요. 익숙해지기 전에는 붓을 천천히 움직여보세요.

## 붓으로 두드려보자!

▲문지르기만 하는 게 아니라, 응용으로 '두드리는' 방법도 있습니다. 털끝으로 톡톡 찍어주는 느낌으로 두드려주세요. 그러면 표면에 자잘한 텍스처 표현을 줄 수 있습니다. 생물적인 모티프의 체표면 표현에 딱 맞는 방법입니다.

## 물들인 얼룩과 궁합이 최고

◀물들이면서 얼룩이 생긴 부분이 딱 좋게 어두워지면서 좋은 분위기를 자아냅니다. 드라이 브러시의 얼룩과 물들이기의 얼룩이 어우러지면서 이런 도색면이 생겨납니다.

modeled & described by MUSASHI

\ 갈기에도 하이라이트를 /

◀갈기에도 WHITE SCAR을 드라이 브러시합니다. 느낌이 더욱 좋아집니다.

\ 도료를 잘 털어내세요 /

◀흰색은 조금만 칠해도 상당히 존재감이 강하니까, 더 꼼꼼하게 도료를 털어내세요.

\ 털끝은 볼록한 부분을 노리고 /

◀뿌리와 우묵한 부분이 밝아지지 않게 주의하며, 털끝의 볼록한 부분에 드라이 브러시를 해줍니다.

\ 겨우 세 가지 색으로 표현했습니다 /

◀지금까지 사용한 도료는 딱 세 개. 물들이기, 드라이 브러시만으로 이렇게나 표정이 풍부한 도색을 즐길 수 있습니다.

# 매끄러운 곡면 부품 물들이기

\ 묽은 퍼플을 칠합니다 /

▲얼굴과 목보다 매끈한 부품이 다리나 말 몸통. 이쪽은 물들이기 얼룩이 아주 잘 생기는 부품입니다. 이런 부품의 물들이기 도색을 설명하겠습니다. 먼저 CONTRAST MEDIUM으로 희석한 퍼플을 칠합니다.

\ 일부러 얼룩을 만들자! /

▲균일하게 물들이는 게 아니라 붓을 톡톡하고 움직여서 이렇게 얼룩이 생기게 합니다. 우묵한 부분 등은 짙게 물들여도 OK

\ 드라이브러시 개시! /

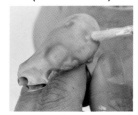

◀보라색이 마르면 WHITE SCAR에 MAGOS PURPLE을 약간 섞은 색으로 드라이 브러시! 슬레이프닐에 털은 없을 것 같지만, 모티프인 말의 이미지로 털 결 같은 선이 생기는 방향으로 붓을 움직여봤습니다.

\ 가끔 두드려서 텍스처 느낌을 연출 /

◀머리를 칠할 때처럼 붓으로 톡톡 두드리면서 도료를 칠했습니다. 둥그스름한 부분의 정점에 흰색을 많이 칠해서 그러데이션을 보다 확실하게 하고, 부품의 둥근 느낌을 강조했습니다.

\ 얼룩과 친해지자! /

◀붓자국, 물들인 얼룩을 없애려는 게 아니라 살리는 것이 드라이 브러시의 장점. 매끈한 부품도 이렇게 입체감을 보여줄 수 있습니다.

# 메탈릭 도색&눈 도색

\ 금색과 은색으로 장갑에 악센트를 /

▲머리 헬멧과 갑주 같은 장식은 메탈릭 도료로. 은색은 「RUNEFANG STEEL」, 금색은 「RETRIBUTOR ARMOUR」를 사용했습니다.

\ 서두르지 말고 여러 번에 나눠서 /

▲RUNEFANG STEEL은 시타델 컬러 중에서도 차폐력이 약한 레이어 컬러. 한 번에 발색하려 하지 말고, 묽게 칠하고 완전히 마른 뒤에 다시 칠하는 걸 두세 번 거듭하면 깔끔하게 칠해집니다.

\ 삐져나와도 괜찮아! /

▲은색을 칠했으면 금색을 칠합니다. 삐져나오면 마른 뒤에 은색으로 덮어주면 간단히 수정할 수 있습니다.

\ 테두리를 금색으로 구분 /

▲테두리 부분에 금색을 칠할 때는, 붓 옆구리는 테두리의 볼록한 부분에 대고 미끄러트리듯 움직이면 칠하기 편합니다. 삐져나와도 은색으로 덮으면 수정할 수 있으니까, 살짝 삐져나와도 신경 쓰지 말고 팍팍 진행하세요.

\ 눈 칠하기 /

▲다음은 눈 칠하기. 콘트라스트 BLACK TEMPLAR, RUNEFANG STEEL, AETHERMATIC BLUE, CONTRAST MEDIUM을 사용합니다.

\ 검게 물들입니다 /

▲먼저 콘트라스트 BLACK TEMPLAR로 전체를 물들입니다. 이걸로 눈동자를 제외한 검은 부분을 다 칠했습니다. 도료가 눈 모양으로 홀러 들어가니까, 거의 삐져나오지도 않습니다.

\ 눈동자에 실버 /

▲다음으로 눈동자를 칠합니다. 먼저 은색인 RUNEFANG STEEL부터. 그 위에 콘트라스트 AETHERMATIC BLUE를 칠하면 클리어 컬러처럼 빛납니다.

\ CONTRAST MEDIUM으로 희석해서 /

▲AETHERMATIC BLUE의 투과성을 높이기 위해 CONTRAST MEDIUM으로 희석해서 칠했습니다. 콘트라스트는 은색 위에 칠하면 색이 비치면서 다양한 메탈릭 컬러로 변화합니다. 센서와 발광 부분을 칠하는 테크닉으로서, 꼭 기억해두세요.

# 메탈릭 도색을 더 멋지게! 셰이드 칠하기

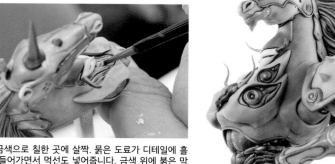

\ 먹선을 넣는 감각으로 /

▲금색과 은색을 칠한 부분에 시타델 컬러 「REIKLAND FLESHSHADE」를 흘려 넣습니다. 어렴풋한 붉은색이 더해지면서 금속색에 깊이와 중량감이 생겨납니다. 특히 금색과 상성이 최고입니다.

▲금색으로 칠한 곳에 살짝. 묽은 도료가 디테일에 흘러 들어가면서 먹선도 넣어줍니다. 금색 위에 붉은 막이 살짝 생기면서 깊이감이 생깁니다.

\ 중후감이 생겼습니다! /

▲은색에도 셰이드를 칠했습니다. 광택이 살짝 가라앉고 중후감 있는 느낌으로 변화. 셰이드는 칠하면 붓자국도 잡아주는 효과가 있습니다.

▶▼허리 아머의 은색은 보다 가벼운 색감으로 경쾌한 분위기로. 사용한 도료는 시타델 컬러 「GREY KNIGHTS STEEL」.

## 바위를 용암으로 어레인지

\ 용암을 그려? /

◀키트의 바위에 검정→흰색 서페이서를 뿌립니다. 그리고 콘트라스트 MAGMADROTH FLAME과 BAAL RED를 사용해서 선을 그리는 느낌으로 칠합니다.

\ 선 중앙에 흰색을 /

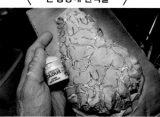

◀방금 그린 마그마 선 중앙에 WHITE SCAR를 칠합니다.

\ 선만 빼고 까맣게 칠합니다 /

▲마그마 외의 부분을 용암 색인 검정으로 칠합니다. 콘트라스트 BLACK TEMPLAR로 물들여서 칠했습니다.

\ 마그마를 다시 물들여서 완성! /

◀하얗게 칠한 부분을 콘트라스트로 다시 물들입니다. 빨간 BAAL RED, 노란 IMPERIAL FIST로 물들였습니다. 이러면 마그마에 그러데이션이 생겨납니다. 마지막으로 용암에 회색을 드라이 브러시 해서 입체감을 강조하면 완성입니다.

# 공들여 만든
# 나만의 공간에서
# 좋아하는 취미와 일을
# 한껏 즐긴다.

슬레이프닐을 붓으로 칠한 무사시 씨의 제작 방은 '목재 DIY'한 자
작 수납공간이 특징. 초등학교 시절부터 목수인 아버지의 영향으로
DIY를 좋아했다고. 고향이 홋카이도 토카치의 산에 둘러싸인 환경이
었기에 자연을 좋아했고, 직접 손을 쓰는 것도 아주 좋아했다고. 장
래에는 본가에 장작 난로가 완비된 공방을 세우는 것이 목표라고 합
니다. 그리고 이 방에는 의자가 없고, 기본적으로 전부 '서서' 작업한
다고. 요통 방지를 위해서라고 합니다.

① ②DIY로 짠 선반과 수납장이 메인으로 구성된 제작 공간.
③ 추천하는 붓 3종. 위에서부터 프랑스 라파엘, 일본 프리지아 엔터프라이즈, 타미야 모
델링 브러시 PROII. 특히 라파엘은 200년이 넘는 역사가 있고, 세잔과 피카소도 애용
한 붓 메이커입니다. '콜린스키 붓(족제비나 담비 중에서도 추운 지방에 사는 것의 털을
선별해서 좋은 털만 사용한 붓)은, 10년 전에 만난 가장 좋은 파트너입니다.'(무사시)
④ 일도 취미도 음악과 함께! 아무리 피곤해도 음악이 있으면 최고의 퍼포먼스를 발휘할
수 있습니다. 다른 취미는 '노래방', '악기 연주(베이스)', '영어 회화'. 그리고 커피도 좋아
해서, 모형과 함께 즐깁니다.
⑤ 리볼버식 붓꽂이. 베어링이 내장된 금속제 붓꽂이입니다. 모형인의 마음을 자극하는
리볼버 실린더 모양이라서, 작업하다가 괜히 돌려보고 싶어지는 훌륭한 공구입니다.
⑥ 페인팅 베이스로 금속 물레를 사용합니다. 베어링이 내장돼서 묵직하고 안정된 회전
으로 모형을 돌려줄 수 있고, 자석을 붙일 수 있어서 모형의 베이스나 발바닥에 자석을
심어주면 강력한 안정감과 함께 도색을 즐길 수 있습니다.

## 무사시 씨도 활약!

### 「수성 도료 붓도색의 교과서」도 꼭 읽어보세요!

▶무사시 씨 외에도 이 책에 등장하는 멤버
대부분이 참가한 수성 도료 붓도색 교과서.
수성 도료 붓도색의 How to 책의 결정판이
며, 많은 호평을 받고 있습니다. 꼭 이 책과
같이 읽어보세요.

▶무사시 씨
는 타미야
아크릴 도료
를 사용해서
타미야 군인
미니어처를
도색. 타미
야 아크릴
도료의 특징
과 칠하는
방법을 확실
하게 설명했
습니다.

▶다양한 붓도색 테크닉이 실려 있으니, 틀림없
이 당신의 붓도색도 즐거워질 겁니다!

### 수성 도료 붓도색의 교과서
●발매원/하비재팬(국내 AK 발매) ●발매 중/3,520엔 ●A4판

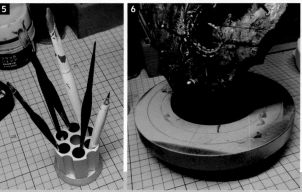

**쿠니야 타다노부**
피규어 도색 스페셜
리스트지만 캐릭터 메
카닉, AFV 공작&도색
실력도 뛰어나다.

# 손바닥 크기 비네트는
# 붓도색으로 한껏 즐겨보자

붓도색으로 즐기기에 딱 좋은 프라모델 시리즈, 그것이 맥스
팩토리의 「minimum factory」. 여기서는 그 시리즈의 「PLAMAX
MF-60 minimum factory 스코프독 불꽃의 숙명/항상 당신이」의
작례를, 피규어 도색 스페셜리스트 쿠니야 타나노부 씨가 전해드
립니다.
　이 프라모델은 「장갑기병 보톰즈」의 오프닝, 엔딩의 인상적인
일러스트를 비네트로 만든 고정식 모형으로, 2개 세트 상품입니
다. 성형색이 특징적이고, 여러분의 상상력에 따라 다양하게 즐길
수 있습니다. 이번에는 애니메이션 일러스트의 녹색 모습으로 칠
하면서, 각 장면의 매력을 부풀리기 위해서 색감 외에 그림자와
광택 표현도 붓으로 열심히 칠해보겠습니다!!

맥스 팩토리 플라스틱 키트 minimum factory
## 스코프 독 불꽃의 숙명/항상 당신이
제작·글/**쿠니야 타다노부**
MAXFACTORY plastic kit minimum factory
SCOPEDOG
modeled & described by Tadanobu KUNIYA

PLAMAX MF-60 minimum factory 스코프독 불꽃의 숙명/항상 당신이
●발매원/맥스 팩토리 ●4,180엔, 발매 중 ●약 7cm ●플라스틱 키트

# 유니크한 부품 분할&적은 부품 수로 즐겁게 조립하는
# 신감각 메카 비네트 키트!!

고정 모형이기에 가능한 포징을 손바닥 크기 비네트로 키트화하는 PLAMAX minimum factory. 스코프독에 앞서 발매된 「녹슨 다그람」의 상품 콘셉트를 더욱 강화한 것입니다.

modeled & described by Tadanobu KUNIYA

**2개 세트! 성형색도 특이하네!**

▲선 포즈의 '불꽃의 숙명'과 앉아 있는 '항상 당신이' 세트입니다. 성형색은 각각 애니메이션의 배경색에서 영감을 얻었는데 설정색에 연연하지 않는, 자신이 만들며 즐기는 프라모델이라는 상품이기에 가능한 표현입니다.

**일체 부품의 재미**

▲가동을 신경 쓸 필요가 없고, 접착제를 사용해서 조립하는 키트다 보니 스냅핏 키트처럼 내부 핀 배치에도 제약이 거의 없기에 부품을 커다란 덩어리로 분할할 수 있고, 지금까지 본 적이 없는 '스코프 독 벌리기'를 맛볼 수 있습니다.

**조립만 해도 그곳은 '아스트라기우스 은하'**

▲두 아이템 모두 바위와 철골, 스코프 독의 머리 등 상당히 정보량이 많은 지면이 되도록 설계했습니다. 비네트를 만들기 위해 다양한 소재를 사용할 필요가 없습니다. 조립만 해도 아스트라기우스 은하로 갈 수 있습니다.

## 사용하는 붓&도료

**다양한 모양의 붓을 준비**

▲극세 면상필, 면상필, 평붓, 그리고 드라이 브러시 등을 위한 낡은 평붓을 준비. 낡은 붓은 털을 사용하기 편한 길이로 잘랐습니다.

**메인 도색은 래커 도료로!**

▲전체 기본 도색은 래커 도료를 사용합니다. 밑색이 비치는 느낌을 살린 도색 컨트롤이 쉽기 때문입니다.

**작은 곳과 명암 차이를 확실히 주고 싶은 곳은 타미야 아크릴**

▲래커 도료를 녹이지 않고 겹칠할 수 있는 아크릴 도료. 작은 곳을 칠할 때 편리. 그러데이션 도색으로 완급을 주고 싶을 때도, 먼저 칠한 래커 도료를 녹이지 않아서 정말 칠하기 편합니다.

**먹선과 광택 조절용!**

▲에나멜 도료는 주로 먹선에 사용. 클리어가 있으면 붓도색으로도 원하는 곳의 광택을 바꿀 수 있습니다.

---

# 정신없이 칠했다… 미완성 병도 걸렸다… 하지만 멋진 모형 동료와 만나서 지금이 있다

**—쿠니야 씨는 피규어 도색 전문이라는 이미지가 강합니다만, 실제로는 캐릭터 모델도 좋아하시죠?**

쿠니야 : 프라모델은 아주 다양한 장르를 좋아합니다. 그리고 애니메이션도 좋아해서 캐릭터 모델도 자주 사죠. 스케일 모델은 어릴 적부터 당연히 있었고, 특히 타미야 밀리터리 미니어처의 인기가 절정이었던 시절도 체험했기에, 솔직히 프라모델에 대해서는 딱히 어떤 장르라고 선을 긋지는 않습니다. 재미있어 보이면 뭐든지 만들고 싶어지죠.

**—색을 칠한 건 언제부터였나요?**

쿠니야 : 초등학교 때였습니다. 붓으로 처덕처덕, 건담을 칠했었죠. 도료는 아버지와 같이 문방구(당시에는 문방구 중에 모형용품을 파는 곳이 많았다)에 가서 샀죠. 사실은 건담이 아니라 회화 공작 수업에서 나왔던 '배 만들기 과제'용 도료를 사는 게 목적이었습니다. 하는 김에 트리콜로도 골랐죠. 그런데 집에 와보니 전부 클리어 컬러였습니다… 그런 줄도 모르고 색이 나올 때까지 붓으로 계속 칠했죠. 그래도 정말 재미있었고, 지금도 그 기억이 선명하게 남아 있습니다. 프라모델을 칠한다는 즐거움의 첫 체험 덕분에, 지금도 모형을 즐긴다고 생각합니다.

**—그 뒤로도 모형을 계속하셨나요?**

쿠니야 : 계속했다고 할 정도는 아니지만, 일단 관심이 가는 프라모델은 사서 쌓아놨고, 그냥 조립만 즐겼죠. 학생 때는 미술부에 들어가서 프라모델보다 색채나 미술사에 빠져 있었고, 그쪽이 메인이 됐습니다. 특히 미술사가 재미있었고. 역사를 좋아하기도 해서, 스케일 모형 만드는 게 즐겁습니다. 미술부 시절의 기본은 지금도 프라모델을 칠하는 데 크게 도움이 됩니다. 하지만 그것이 '지금'입니다. 졸업하고 사회인이 돼서 오랫동안 미완성 병이라고 할까, 프라모델을 만들지 못했습니다. 일이 힘들어서… 저와 같은 상황이었던, 또는 그런 상황인 분들이 많을지도 모릅니다.

**—복귀한 계기가 있었겠죠?**

쿠니야 : 본가에 갔다가 찾아낸 「1/144 건캐논」입니다. 그 키트를 손에 들고 「건담 웨폰즈 일 년 전쟁 편」을 읽었더니 불타올랐죠. 지금이라면 더 잘할 수 있지 않을까, 하고. 일러스트와 모형 작례의 좋은 점을 따라 하면서, 정신없이 만들었습니다. 인생 첫 에어브러시였던 타미야의 스프레이 워크도 구입했었죠. 하지만 쓰는 법을 몰라서 빨간 실만 뿜어댔습니다. 그래서 또 모형지를 제대로 읽게 됐죠…. 그리고 이 건캐논이 제 인생에서 처음으로 끝까지 칠했다고 할 수 있는 프라모델이 됐습니다. 그래서 저는 모형을 끝까지 칠한 첫 체험이 꽤 늦은 편이죠. 그 뒤로 모형 열기가 달아올라서, 온갖 모형지와 당시의 인터넷 게시판 등을 열심히 뒤졌습니다. 마시넨 크리거를 만들어서 올렸더니 많은 분이 댓글을 달아주셔서 '모형으로 이렇게나 사람들과 이어질 수 있구나…'라고, 완성한 것보다 더 기쁜 체험을 했던 것도 좋은 추억입니다.

저는 붓도색만 하는 게 아니라, 에어브러시와 병용하면서 붓도색을 즐기는 경우가 많습니다. 적재적소라고 해야겠죠. 그 칠하는 방법도 모형지나 SNS를 통해서 교류하는 모델러 분의 방식을 연구한다든지, 때로는 질문도 하면서 이것저것 시험하고 있습니다. 실패도 하지만 도전하는 즐거움, 그리고 제가 생각한 대로 칠해졌을 때는 모형 제작 중에서도 각별한 체험이 될 거라고 생각합니다.

바탕색을 2가지<br/>
준비!!

# '불꽃의 숙명'은 차이가 강조되는 음영색을 그리는 미니어처적인 기법으로 칠한다

'불꽃의 숙명'은 밑색인 브라운 외에, 처음에 그림자가 될 부분에 보라색을 뿌려서 어두운 부분과 밝은 부분의 차이를 강조해서 칠합니다. 빛이 닿는 부분도 밝게 칠합니다. 이렇게 하면 약 7cm의 모형도 존재감 있게 표현할 수 있습니다. 워해머 등의 미니어처에서도 사용하는 기법을 래커 도료와 타미야 아크릴로 표현합니다.

▲앉아 있는 '항상 당신이'는 밤거리 이미지 일러스트라서 검은색에 가까운 회색 스프레이. '불꽃의 숙명'은 불타는 것 같은 주황색 빛을 받으니까 브라운 계열을 뿌렸습니다.

「장갑기병 보톰즈」의 오프닝 테마 '불꽃의 숙명'의 일러스트를 베이스로 키트가 조형되었습니다.

FACTORY plastic model minimum factory SCOPEDOGE

▲래커 도료 보라색을 머리의 음영이 질 부분에 칠합니다. 도료의 농도가 너무 묽으면 효과가 떨어집니다.

▲오른팔을 접착하지 않으면 칠하기 편합니다. 팔의 그림자가 생길 부분을 보라색을 칠합니다.<br/>
▶하반신은 상반신보다 어두워지니까 보라색을 잘 칠합니다. 앞으로 내민 왼발 안쪽도 주목하세요.

▲다음으로 짙은 녹색을 칠합니다. 올리브 드랍이나 러시안 그린이면 스코프 독처럼 보이니까, 좋아하는 색으로 칠하세요. 음영색으로 칠한 보라색을 완전히 묻어버리지 않도록 주의하면서 칠합니다.

▲1차 칠이 끝난 상태. 브라운과 보라색이 비쳐서 색의 정보량이 많아졌습니다.

▲지면은 음영색을 확실하게 칠합니다. 지면을 어둡게 해주면 주역인 스코프 독이 두드러집니다.

▲래커 도료 회색으로 지면을 칠합니다. 브라운과 음영색이 비치는 정도가 색의 정보량도 많아지고 멋있습니다. 완전히 차폐해버릴 필요는 없습니다.

▲밝은 녹색을 칠합니다. 녹색에 흰색을 섞은 색을 사용했습니다.

▲1차 칠이 끝난 상태.

◀바이저의 회색을 RLM 그레이. 대략적인 색 구분이 끝났습니다. 각 부분을 2~3회 덧칠합니다. 짙은 도료로 계속 칠하면 너무 단조로워지니까, 한 번 칠해서 밑색이 비칠 정도 농도로. 마르면 덧칠하는 공정을 반복합니다.

◀강약이 있는 그러데이션 도색에 편리한 것이 '아크릴 도료'. 래커 도료를 녹이지 않고, 아크릴 도료 자체도 일단 마르면 덧칠해도 녹지 않습니다.

▲래커 도료로 칠했을 때보다 밝은 녹색을 칠합니다. 농도는 묽게.

▶마지막으로 전체의 녹색을 정리하기 위해, 기본 녹색을 칠한 래커 그린으로 그러데이션의 안배를 조절합니다. 아크릴 도료로 칠한 부분도 조심해서 칠해주면 래커 도료를 덧칠해도 큰 문제는 없습니다.

▲마지막으로 타미야 먹선 도료 '다크 브라운'으로 지면에 먹선을 넣습니다. 발에도 다크 브라운을 칠해주면 지면과 잘 어우러지며 일체감을 줍니다.

▲각 부품의 정점과 테두리, 리벳 등도 밝은 녹색으로 칠합니다.

# 빗물 흐름을 의식한
# 붓 터치로 칠한다!

에어브러시와 붓도색의 큰 차이는 붓자국 '터치'로 다양한 표현을 할 수 있다는 점입니다. '항상 당신이'는 비가 내리는 정경이 인상적. 빗물이 기체를 타고 흐르는 분위기를 붓 터치로 표현해보겠습니다.

◀이쪽이 '항상 당신이' 일러스트. 밤거리에 비… 좋은 정경입니다.

실물 크기!

▲검은 바탕색 상태에서 칠해나갑니다. 밤거리를 의식해서 어두운 녹색으로.

▲밝은 녹색 부분은 밤을 의식한 블루 그레이로 칠합니다. 처음 칠할 때부터 붓 터치 방향을 빗물이 흘러 떨어지는 방향으로.

▲가슴 해치 안쪽은 일러스트를 참고해서 회색으로.

▲무릎과 어깨의 정점 부분은 밝은 녹색을 겹칠해서 명암 차이를 확실하게 해줍니다.

▲종아리 부품 확대. 빗물이 흐르는 이미지를 연출하기 위해, 붓 터치가 왼쪽으로 흐르는 걸 알 수 있습니다.

▲블루 그레이 부품도 붓 터치로 빗물 흐름 이미지를 표현. 전체에 빗물 흐름을 의식한 터치로 색을 입혀갑니다.

◀상당히 작은 피아나의 얼굴. 하지만 인간의 얼굴은 작아도 아주 눈에 띄는데다 보는 이의 시선이 집중되는 곳. 잘 칠해보겠습니다.

▶①머리는 하얀 서페이서를 뿌린 뒤에 디테일이 잘 보이게 하기 위해 밑색으로 타미야 아크릴 플랫 플레시를 전체에 칠해줍니다.
②바예호 프레시 워시로 얼굴 측면과 눈 언저리에 음영색을 칠합니다. 정밀하게 칠할 필요는 없습니다.
③바예호 카드뮴 스킨으로 얼굴 모양을 정하는 느낌으로 칠합니다.
④바예호 페일 플레시로 T존과 눈꺼풀, 턱 끝에 하이라이트를 칠합니다. 눈꺼풀 아래 라인은 속눈썹이 되니까, 여기는 꼼꼼하게 모양을 잡아주세요.

①

②

③

④

▲타미야 에나멜 레드 브라운+플랫 블랙으로 머리카락을 칠합니다. 에나멜 도료로 칠하면 피부색과의 경계에 삐져나오더라도 에나멜 용제로 간단히 지울 수 있습니다.

▲에나멜 도료로 눈썹과 속눈썹, 입술을 그립니다. 도료를 너무 묽게 하지 않도록 하는 것이 요령. 그리기 힘들 때는 입술만 처리해도 됩니다.

▲산성비 표현으로 웨더링 컬러 레이어 바이올렛으로 빗물 자국 도색(스트레킹)을 더해줬습니다.

▲비에 젖은 느낌을 강조하기 위해, 어깨와 무릎에 클리어를 드라이 브러시해서 광택을 추가했습니다.

## 쿠니야 타다노부의 붓도색 스타일

# 이동을 최소화.
# 손에 닿는 범위에
# 물건을 배치

월간 하비재팬에서 메카닉부터 스케일 모델까지 다양한 장르의 작례를 제작하는 쿠니야 씨. 쿠니야 씨의 제작 스페이스는 4평 방에 제작 공간, 도색 공간을 구축. 의자에 앉은 채 손이 닿는 범위에 공구와 소재를 배치해서, 불필요한 이동을 최대한 줄였습니다.

1 방 넓이는 4평. 의자 뒤에는 촬영 부스도 있습니다. 공작하다가 의자를 돌리면 바로 촬영할 수 있습니다.

2 책상 왼쪽이 공작 공간, 오른쪽이 도색 공간입니다.

3 도색 공간에는 현미경도 있습니다. 피규어의 얼굴이나 밀리터리 피규어의 세세한 군장을 칠할 때 사용합니다.

4 제작 공간은 주로 사용하는 공구를 선반에 수납. 받침대를 사용해서 작업하는 높이를 조정했고, 덕분에 자세가 좋아집니다.

5 제작 책상 왼쪽에는 네트망을 달아서 자주 사용하는 공구를 수납.

6 원래는 책상에서 조금 떨어진 곳에 도료를 뒀지만, 작업 중에 일일이 가지러 가는 게 귀찮아서 수납함에 넣고 발밑에 뒀습니다. 도색 공정에 들어가면 수납함을 바닥에 늘어놓고 바로 꺼낼 수 있습니다.

7 부스는 GSI 크레오스의 Mr.슈퍼 부스. 배기 덕트를 창문용 환풍기에 접속했습니다. 겉보기는 신경 쓰지 않습니다!

8 9 모형 관련 책이 잔뜩. AFV 관련 기법서(HOW TO책)는 새 책이 나오면 일단 읽어보는데, 오래된 책도 갑자기 필요할 때가 있어서 처분하지 않습니다. 오래된 모형지도 가끔씩 다시 읽고 있습니다.

# 드라이 브러시로 중후한

modeled & described by FURITSUKU

## 사용할 붓&도료와 도색 준비

### ＼ 드라이 브러시용 붓을 준비!! ／

▶이번 테마
는 드라이
브러시. 모
형점에서는
드라이 브러
시 전용 붓
도 다수 판
매 중. 비교
적 부드러운
드라이 브러
시 붓이 이
번 도색에
적합합니다.

### ＼ 종이 말고!! 나무가 최고!! ／

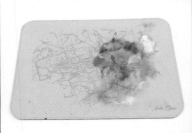

중후한 은색을
만들기 위한 검은 바탕

▶엔젤 부츠의 은색을 상당히 무
겁게 칠합니다. 무거운 은색을
만들고 싶을 때는 검은색 바탕
이 큰 도움이 됩니다. 여기서는 블
랙 서페이서를 사용합니다.

◀드라이 브러시로 칠할 때
키친 타월로 붓의 도료 양을
조절합니다만, 이 공정은
'MDF 보드'로도 가능합니다.
일일이 타월을 꺼낼 필요가
없습니다!!

# 엔젤 부츠를 칠하자!!

「PLAMX GO-01 신익천공기사 유리 갓 버스터」를 붓도색 메인으로 칠하겠습니다!! 도색 포인트는 유리 갓 버스터의 특징인 엔젤 부츠를 패키지 일러스트처럼 중후한 느낌으로 표현하는 것. 게다가 드라이 브러시를 이용한 간단 페인팅으로 공략할 테니까, 이 기사를 따라하면 많은 분들이 유리 갓 버스터에게 중후한 엔젤 부츠를 장착 가능합니다!! 자, 여러분의 붓으로 유리 갓 버스터를 비상시켜봅시다!!

**칠한 사람**
**후리츠쿠**
『워해머』를 계기로 붓도색에 빠졌다. 에어브러시 도색의 플랫한 느낌을 붓으로 최대한 표현하고 싶다는 야심가.

## 붓도색과의 만남은 『워해머』

―하비재팬에서는 후리츠쿠 씨 하면 『워해머』 붓도색이라는 이미지가 강한데, 지금까지 어떤 모형을 만들어오셨나요?

후리츠쿠 : 건프라와 미니4구입니다. 초등학생 때 이 둘에 엄청나게 빠졌고, 건담 마커로 이리저리 칠하기도 하고 타미야 마커, 스프레이로 미니4구를 꾸미고는 했죠. 완성도 같은 건 신경도 안 썼고, 그냥 재미있었습니다. 중학생쯤 됐을 때 하비재팬 별책 「NOMOKEN」을 알게 됐습니다. 그러면서 퍼티도 주무르고 건담 다리를 늘려보고 했는데, 공작을 할 수 있다고 만족하고 도색을 안 하는 시기가 이어졌죠. 그 뒤에는 왠~지 프라모델을 사기는 했는데 그냥 쌓아만 났습니다.

―지금처럼 열심히 도색하게 된 계기는 뭔가요?

후리츠쿠 : 여행으로 도쿄, 하라주쿠에 갔을 때 아무 생각도 없이 들어갔던 '워해머 스토어 하라주쿠점'입니다. 하라주쿠인데 프라모델 같은 게 있으니까 궁금해서 들어가 봤는데, 시타델 컬러를 칠해보게 해주고, 나올 때 샘플 미니어처를 선물

해주고. 뭔가 엄청난 데 왔구나~ 라고 생각했습니다. 그리고 오사카로 돌아와서 『워해머』를 취급하는 가게에 가서 이래저래 물어보는 사이에 푹 빠져버렸죠. 아무래도 내가 칠한 프라모델로 게임까지 할 수 있다는 게 정말 컸습니다. 만든 다음이 있다는 게 말이죠. 내가 칠한 아주 멋진 미니어처를 전장에 놓고 싶어서, 이런저런 칠하는 방법을 배웠습니다.

―만든 다음이 있는 게 좋다는 의미군요.

후리츠쿠 : 미니4구에 빠졌던 때도 그랬죠. 만든 다음에 레이스가 있다. 도색하는 즐거움을 알게 된 뒤로 콩쿠르 드 엘레강스(레이스가 아니라 미니4구의 겉모습 완성도를 선보이는 행사)에서 디오라마를 만들기도 했죠. 프라모델을 만든 다음에 있는 것(게임이나 레이스)을 목표로 삼게 된 뒤로, 엄청난 숫자의 모형을 칠하고 완성할 수 있게 됐습니다.

―붓도색의 목표 같은 것이 있을까요?

후리츠쿠 : 저는 에어브러시로 플랫하게 칠한 건프라를 정말 좋아합니다. 에어브러시로 칠해도 좋지만, 붓도색으로도 그 플랫한 느낌을 즐길 수 있으면 좋겠다~ 라고 생각하며 칠하고 있습니다. 붓도색은 단순히 즐겁잖습니까. 색이 변하는 감각이 바로 전해져 오니까. 그래서 제가 즐겁다고 생각하는 붓도색으로 깔끔하고 플랫하게 칠하고 싶습니다.

맥스팩토리 플라스틱 키트 PLAMAX GO-01
## 신익천공기사 유리 갓 버스터
제작·글/후리츠쿠

MAXFACTORY non scale plastic kit "PLAMAX"GO-01
GODWING CELESTIAL KNIGHT YURI GOD BUSTER
modeled & described by FURITSUKU

PLAMAX GO-01 신익천공기사 유리 갓 버스터
● 발매원/맥스 팩토리 판매원/굿스마일 컴퍼니
● 8,800엔, 발매 중 ● 약 17cm ● 플라스틱 키트

## 이번에 활약할 주요 도료

\ 아미 페인터의 메탈릭 도료가 최고 /

▲에멀전 계열 수성 도료로, 시타델 컬러처럼 미니어처 페인터들이 선호하는 '아미 페인터' 메탈릭 시리즈가 있고, 색감이나 휘도도 좋아서 추천. 이 세 색으로 엔젤 부츠를 칠합니다.

\ 실버와 콘트라스트는 상성이 최고 /

▲실버 위에 시타델 컬러 콘트라스트를 칠하면, 콘트라스트의 색이 메탈릭 컬러로 변신합니다. 이것을 살려서 은색에 파란색을 더해줘볼까 합니다.

\ 인젤 부츠의 디테일을 강조해줍니다 /

▲시타델 컬러 셰이드는 먹선 도료처럼 각 몰드를 두드러지게 해줍니다. 엔젤 부츠의 마감에 활약합니다

\ 콘트라스트와 셰이드의 색 농도를 컨트롤 /

▲CONTRASRT MEDIUM은 콘트라스트와 셰이드의 점도를 바꾸지 않고 색 농도를 묽게 만들어줘서, 색의 농도를 조절할 수 있습니다.

# 후리츠쿠의 드라이 브러시 작렬!!
## 패키지 같은 묵직함을 표현.

드라이 브러시는 적은 수고로 그러데이션 도색을 할 수 있는 편리한 도색 방법. 버석버석 거칠게 칠하는 이미지가 있는데, 살살 문지르는 느낌으로 붓을 움직여주면 아주 매끄러운 표면도 됩니다. 살살 쓰다듬는 것처럼 드라이 브러시를 해서, 묵직하고 아름다운 엔젤 부츠를 만들겠습니다.

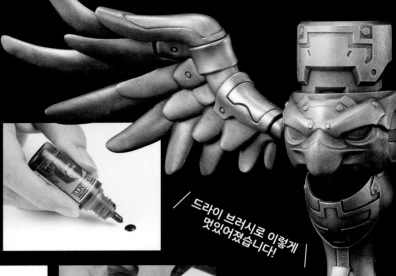

◀먼저 엔젤 부츠 부품에 블랙 서페이서 캔 스프레이를 뿌려줍니다.

▶아미 페인터 러프 아이언을 칠합니다. 잘 흔들어서 섞어주고, 종이 팔레트에 도료를 덜어줍니다.

드라이 브러시로 이렇게 멋있어졌습니다!

▲붓에 도료를 머금었으면 MDF 보드에 문질러서 여분의 도료를 덜어냅니다. 붓 끝이 버석버석해질 때까지 해주세요.

▲부품에 살살 문지르거나 톡톡 두드리면서 칠해줍니다. 러프 아이언은 갈색 느낌의 은색이 특징입니다.

▲다음으로 엘븐 아머로 장갑 윗부분과 날개 위쪽을 드라이 브러시합니다. 이 도료는 푸른색이 강한 은색으로, 하늘의 반사광을 받은 것 같은 은색이 됩니다.

▲버석버석한 붓으로 문질렀더니 단숨에 푸르스름한 은색이! 단번에 갑옷 같은 분위기가 됐습니다.

▲세 번째로 휘도가 높은 은색, 플레이트 메일 메탈을 칠합니다.

▲앞서 칠한 두 색을 완전히 차폐하지 않도록 칠합니다. 위쪽은 푸른 색을 남기고, 아래쪽은 갈색 은색을 남기는 느낌으로 드라이 브러시 해주세요. 그러면 표정이 풍부한 엔젤 부츠가 됩니다.

▲시타델 컬러 셰이드 NULN OIL을 금속색에 칠하면 단숨에 무게감이 생겨납니다.

▲디테일 부분에 먹선을 넣어주는 이미지로 칠해주세요.

◀마지막으로 CONTRAST MEDIUM으로 희석한 콘트라스트 TALASSAR BLUE를 엔젤 부츠 위쪽 부분에만 살짝 칠해줍니다. 은색에 하늘의 색을 반사한 것 같은 푸른색을 부여합니다.

神呪アジナ回

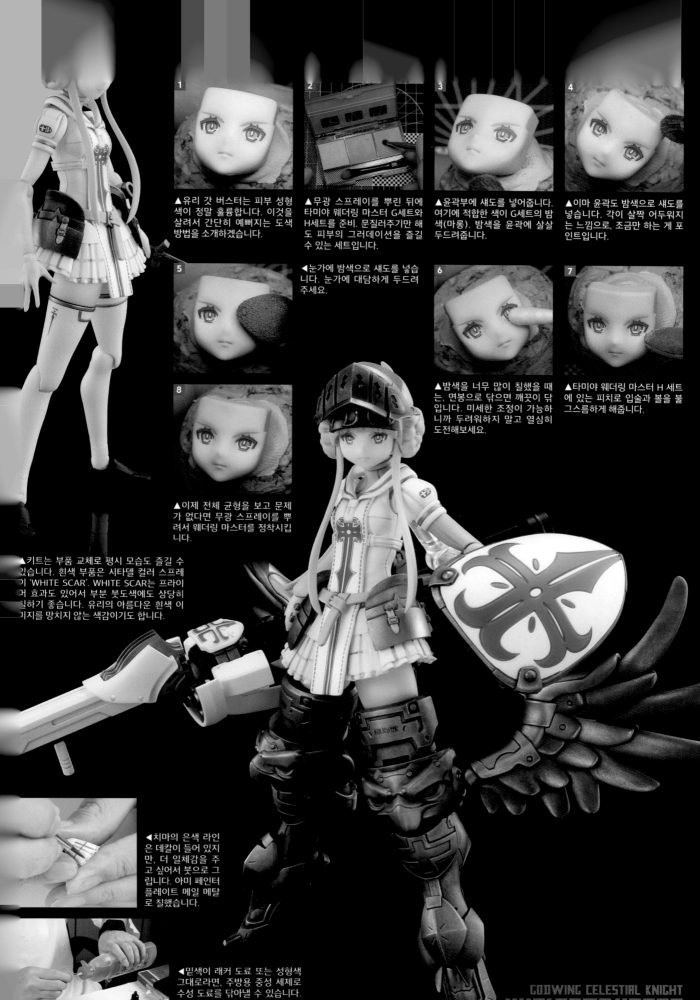

**1** ▲ 유리 갓 버스터는 피부 성형색이 정말 훌륭합니다. 이것을 살려서 간단히 예뻐지는 도색 방법을 간단히 소개하겠습니다.

**2** ▲ 무광 스프레이를 뿌린 뒤에 타미야 웨더링 마스터 G세트와 H세트를 준비. 문질러주기만 해도 피부의 그러데이션을 즐길 수 있는 세트입니다.

**3** ▲ 윤곽부에 섀도를 넣어줍니다. 여기에 적합한 색이 G세트의 밤색(마롱). 밤색을 윤곽에 살살 두드려줍니다.

**4** ▲ 이마 윤곽도 밤색으로 섀도를 넣습니다. 각이 살짝 어두워지는 느낌으로, 조금만 하는 게 포인트입니다.

**5** ◀ 눈가에 밤색으로 섀도를 넣습니다. 눈가에 대담하게 두드려 주세요.

**6** ▲ 밤색을 너무 많이 칠했을 때는, 면봉으로 닦으면 깨끗이 닦입니다. 미세한 조정이 가능하니까 두려워하지 말고 열심히 도전해보세요.

**7** ▲ 타미야 웨더링 마스터 H 세트에 있는 피치로 입술과 볼을 불그스름하게 해줍니다.

**8** ▲ 이제 전체 균형을 보고 문제가 없다면 무광 스프레이를 뿌려서 웨더링 마스터를 정착시킵니다.

◀ 이 키트는 부품 교체로 평시 모습도 즐길 수 있습니다. 흰색 부품은 시타델 컬러 스프레이 'WHITE SCAR'. WHITE SCAR는 프라이머 효과도 있어서 부분 붓도색에도 상당히 칠하기 좋습니다. 유리의 아름다운 흰색 이미지를 망치지 않는 색감이기도 합니다.

◀ 치마의 은색 라인은 데칼이 들어 있지만, 더 일체감을 주고 싶어서 붓으로 그립니다. 아미 페인터 플레이트 메일 메탈로 칠했습니다.

◀ 밑색이 래커 도료 또는 성형색 그대로라면, 주방용 중성 세제로 수성 도료를 닦아낼 수 있습니다. 삐져나온 곳도 간단히 수정 가능합니다.

GODWING CELESTIAL KNIGHT
**YURI GODBUSTER**

# 도료가 마치 인테리어처럼. 수성 도료와 함께하는 붓도색 스타일.

시타델 컬러와 바예호를 메인으로 붓도색을 즐기는 후리츠쿠. 그의 모형 방에서 가장 큰 특징은 벽을 활용한 도료 수납. 깔끔하게 정돈할 수 있는 데다 다양한 색 도료 용기가 방을 밝게 꾸며줍니다.

① 책상 두 개를 조합해서 ㄱ자 모양 제작 공간을 확보. 애니메이션이나 영화를 보면서 모형을 만들고 게임을 즐길 수 있도록 책상에 모니터도 설치.
② 주로 모니터가 없는 쪽에서 공작이나 중간 과정 사진을 촬영합니다. 도색 부스를 설치한 메탈랙 기둥에서 암을 뻗어서 카메라를 고정할 수 있게 했습니다.
③ 에어브러시 도색, 캔 스프레이 도색도 즐길 수 있도록 도색 부스를 설치. 사용한 제품은 네로 부스. 캔 스프레이 역류를 막기 위해, 인공 잔디 매트 뒤쪽에 네노디뮴 자석을 달아서 커버로 사용. 더러워지면 물로 씻어서 여러 번 사용할 수 있어서 편리.
④ 시타델 컬러를 발매하는 게임즈 워크샵이 누구라도 재미있게 그러데이션 도색을 즐길 수 있게 고안한 시타델 페인트 시스템. 그것을 언제든 확인할 수 있도록 벽에 붙여뒀습니다.
⑤ 책상 밑에는 서랍이 달린 사이드 테이블을 설치. 바퀴가 있어서 이동 가능. 이 안에 프라모델 제작에 필요한 공구를 수납해둡니다.
⑥ 미니어처 전시용 베이스와 디오라마 재료를 항상 준비해둡니다.
⑦ '언젠가는 바예호 모든 색을 벽에 진열하고 싶습니다. 자가라서 벽에 진열대를 설치하고 도료를 수납했습니다. 항상 보이는 상태로, 바로 꺼낼 수 있게 해뒀습니다.'(후리츠쿠)

# 킹하고 귀여운 크리처를 붓도색 테크닉으로 더 귀엽게 만들어보자!

MAXFACTORY non scale plastic kit PLAMAX MF-66 minimum factory
Putun
modeled & described by mutcho

칠한 사람

**뭇쵸**
미니어처 페인터. 월간 하비재팬에서는 수성 도료 페인팅 LAB.을 연재 중. 시타델 컬러와 바예호 등의 수성 도료를 사용한 붓도색이 특기!

## 뱀피 무늬 도색에 발광 표현!
## 붓도색에는 무한한 가능성이 있다!

맥스 팩토리 「PLAMAX MF-66 minimum factory 푸툰」은 붓도색을 즐기기 적합한 모형입니다. 고정 모형이라서 조립도 순식간. 사 온 그날에 여러분이 원하는 색으로 칠할 수 있습니다. 게다가 프라모델 한 세트로 4개나 조립할 수 있는 키트. 크기와 포즈가 달라서, 조합하다 보면 책상 위에 귀여운 푸툰 패밀리가 탄생합니다! 그런 키트를 뱀피 도색과 드라이 브러시 발광 표현 등, 당장이라도 따라하고 싶어지는 붓도색으로 즐겨볼까 합니다.

맥스팩토리 논스케일 플라스틱 키트 PLAMAX MF-66 minimum factory

## 푸툰
제작·글/**뭇쵸**

> **PLAMAX MF-66 minimum factory 푸툰**
> ● 발매원/맥스 팩토리, 판매원/굿스마일 컴퍼니
> ● 4,500엔, 발매 중 ● 플라스틱 키트

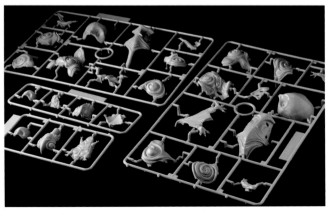

## 도색 준비

### ↘ 드라이 브러시 붓을 활용합니다!

◀이번에는 발광 표현 등에 도전합니다. 그런 때에 편리한 테크닉이 '드라이 브러시'. 드라이 브러시 전용 붓과 도료가 오래 가게 해주는 워터 팔레트, 보통 종이 팔레트를 준비합니다.

### 뱀피 도색에 도전!!

▶푸툰의 디자인에 딱 어울릴 것 같은 뱀피 도색을 해보겠습니다. 에어텍스의 텍스쳐 마스킹이 아주 편리합니다. 이쪽도 시타델 컬러 GREY SEER를 준비합니다.

### 검정색으로 시작합니다!

▶검은 바탕색을 살리면서 칠하겠습니다. 먼저 GSI 크레오스의 수성 서페이서 블랙 캔 스프레이를 전체에 뿌렸습니다. 푸툰의 디테일이 보기보다 깊으니까, 안쪽까지 잘 뿌려주세요.

### 키트 하나에 푸툰이 4개 들어 있습니다!

◀포즈가 다른 큰 푸툰과 작은 푸툰이 2개씩. 총 4개나 들어 있습니다. 하늘색 성형색도 귀엽네요~

# 드라이 브러시와 시타델 콘트라스트로 한 시간 만에 작은 푸툰을 완성!

먼저 작은 푸툰을 빠르게 칠해보겠습니다!! 시타델 컬러 드라이 브러시 도색과, 누구나 멋진 그러데이션 도색을 할 수 있는 시타델 컬러의 물들이기 도료 '시타델 콘스라스트'를 사용해서 칠하겠습니다.

modeled & described by mutcho

\ 표면을 문지르듯 칠합니다! /

▲검정 바탕색을 살려서, 은색 2종을 드라이 브러시로 칠해보겠습니다. 먼저 IRON HANDS STEEL부터. 이쪽을 붓에 머금고, 여분의 도료를 팔레트에 충분히 털어냅니다.

▲우묵한 부분까지 도료가 입혀지지 않도록, 표면을 쓰다듬는 느낌으로 문질러주세요.

▲다음은 밝은 은색으로 부품의 모퉁이나 튀어나온 부분을 노리고 드라이 브러시 해줍니다. 사용할 도료는 시타델의 밝은 은색 IRONBREAKER.

\ 은색 위에 콘트라스트를 흘리면 뭐든지 메탈릭 컬러로 /

▲핀포인트로 밝은 은색을 문질러주면 은색의 그러데이션이 생겨납니다. 이걸로 몸통 메인 컬러는 완성.

▲각 부분의 골에는 묽은 물들이기 도료 '시타델 콘트라스트' BLOOD ANGELS RED를 칠합니다. 은색 위에 콘트라스트 컬러를 칠하면 먼저 칠한 은색이 비치면서 메탈릭 컬러가 되고, 골이 괴상하게 빛나는 분위기가 됩니다.

▲칠하는 방법은 아주 간단. 묽은 도료를 흘려 넣듯 칠하면 끝. 삐져나온 부분도 마르기 전에는 손가락으로 닦아내면 됩니다. 물을 머금은 면봉으로 지울 수도 있습니다.

▲머리는 뼈 같은 색으로 이쪽도 드라이 브러시. 다음 페이지의 커다란 머리에서 칠하는 방법을 소개하겠습니다.

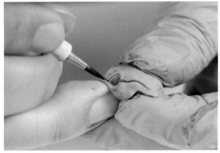

▲눈 옆의 디테일과 눈은 시타델 콘트라스트로. 옆의 라인은 BLOOD ANGELS RED, 눈은 NAZDREG YELLOW.

\ 한 시간만에 완성!! /

▲시타델 컬러 드라이 브러시와 물들이기라면 물만 준비해서 냄새 없이 도색을 즐길 수 있습니다. 쾌적하고 즐거운 붓도색을 꼭 즐겨보세요.

## █ 붓도색으로 열린 모형 세계

**—뭇쵸 씨의 첫 모형 체험은 어떤 것이었죠?**
뭇쵸 : 유치원 때 아버지가 사주신 미니4구입니다. 스티커를 붙이면 머신이 멋있어지고, 그게 달리는 게 재미있었죠. 그리고 그 뒤에 중학생이 돼서 게임 「슈퍼 로봇 대전」에 빠졌고, 그 게임을 통해서 '건담'을 알았습니다. 그래서 건프라를 만들어봤죠. 그리고 서점에서 모형지라는 게 있다는 걸 알고 '하비재팬'을 읽어봤죠.

**—그리고 팍팍 만들었나요?**
뭇쵸 : 아뇨, 그만뒀습니다. 먹선까지는 재미있었는데, HG에 실린 것처럼 접합선을 깔끔하게 처리하고 도색하려면 필요한 공구라든지도 너무 많아서…. 중학생이다 보니 이것저것 살 수도 없으니까, 거기서 그만뒀죠. 그리고 제가 완성품 완구나 피규어도 좋아하게 돼서 그쪽으로 넘어간 탓도 있습니다. 그리고 원더 페스티벌에 놀러 갔을 때, 당시 도쿄 코엔지에 매장이

있던 '자이언트 하비'의 부스에 방문하면서 지금의 제가 결정됐습니다.

**—자이언트 하비라면, 도쿄에서 미니어처 샵으로 유명하죠.**
뭇쵸 : 예. 제가 살던 곳과 가깝기도 해서 나중에 가게에도 가봤고, 가게에서 시타델 컬러와 「워 해머」를 만났죠. 가게에서 도색도 할 수 있었고, 거기서 매번 스태프 분께 붓으로 칠하는 방법을 배우면서 하고 싶은 것들이 점점 생겨났습니다. 그때, 중학생 시절에 못 하는 것들이 너무 많아서 아쉬웠던 마음이 사라졌죠. 지금은 붓도색 외에 에어브러시 도색도 하면서, 모형이 너무나 재미있습니다. 붓도색은 칠하면서 희열이 느껴지는 점이 좋습니다.

# 드라이 브러시로 뼈 같은 질감으로 칠하자!

드라이 브러시를 이용하면 표면의 도료 입자를 거칠게 해서 뼈 같은 질감을 간단히 표현할 수 있습니다. 시타델 컬러 3종을 사용해서 실제로 해보겠습니다.

**\ 왼쪽부터 순서대로 칠합니다 /**

▲왼쪽부터 갈색, 다크 옐로, 베이지 순서로 드라이 브러시를 합니다. 먼저 갈색인 RHINOX HIDE를 드라이 브러시 합니다.

이 갈색이 포인트!!

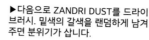

◀검은색에 바로 뼈 같은 색을 칠하면 명암이 심해져서 지저분해집니다. 중간에 갈색을 넣으면 자연스러운 그러데이션이 됩니다.

▶다음으로 ZANDRI DUST를 드라이 브러시. 밑색의 갈색을 랜덤하게 남겨주면 분위기가 삽니다.

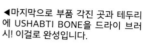

◀마지막으로 부품 각진 곳과 테두리에 USHABTI BONE을 드라이 브러시! 이걸로 완성입니다.

▶이 표면이 거친 느낌은, 드라이 브러시이기에 가능한 것. 덕분에 머리 부분만 다른 곳과 정보량이 달라지면서 입체적인 악센트가 생겨납니다.

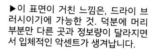

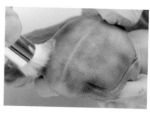

**\ 붓도색만의 질감!! /**

# 뱀피 도색!! 한 번 해보면 빠져듭니다!!

모형에 그물 모양 물건을 씌운 상태에서 붓으로 톡톡 두드려주면 얼룩덜룩한 뱀피 무늬를 칠해줄 수 있습니다. 대리석 느낌으로 칠하거나, 크리처 계열에 조금 기분 나쁜 분위기를 줄 수 있는 재미있는 도색입니다.

▲에어텍스의 텍스처 마스킹으로 모형을 감싸줍니다.

**\ 진한 도료를 듬뿍 묻힙니다 /**

▲도료를 붓에 듬뿍 묻힙니다. 이것을 처덕처덕 찍어줍니다.

▲마스킹한 위에서 붓으로 모형을 톡톡 두드리며 칠합니다. 이걸로 OK입니다.

**\ 신기한 '뱀피 무늬'가 완성!! /**

▲마스킹을 벗기면 이렇게. 검정에 하얀 뱀피 무늬를 칠했습니다. 푸툰의 디자인과도 잘 어울리네요.

**\ 물들이기로 분위기를 더 살려보겠습니다!! /**

▲검정과 흰색 뱀피 무늬가 된 몸통을, 시타델 콘트라스트 BLOOD ANGELS RED로 물들이겠습니다. 도료가 디테일에 잘 흘러 들어가도록 CONTRAST MEDIUM으로 희석합니다.

**\ 조금이면 OK!! /**

▲CONTRAST MEDIUM은 조금만 섞으면 됩니다. 너무 많이 넣으면 색이 너무 묽어져서 물들지 않게 됩니다.

**\ 검붉어졌다!! /**

▲뱀피 무늬의 하얀 부분은 빨갛게, 검은 부분은 기분 나쁜 검붉은 분위기로. 한 번만 칠해도 디테일의 우묵한 부분까지 흘러 들어가면서 표면과 우묵한 부분의 물드는 방식이 달라지고, 그러면서 자연스러운 그러데이션이 생겨납니다.

▲부품 뒤쪽 등, 빠트린 곳은 없는지 확인하며 칠합니다.

**\ 다양하게 칠할 수 있어서 즐겁다!! /**

▲커다란 푸툰도 2개 들어 있으니까, 원하는 방식으로 칠할 수 있습니다! 열심히 칠하면서 다양한 컬러의 푸툰을 탄생시켜보세요.

# 뱀피 도색 완성!!

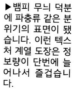

▶뱀피 무늬 덕분에 파충류 같은 분위기의 표면이 됐습니다. 이런 텍스처 계열 도장은 정보량이 단번에 늘어나서 즐겁습니다.

CITADEL COLOUR TECHNICAL CONTRAST MEDIUM

CITADEL COLOUR CONTRAST BLOOD ANGELS RED

# 드라이 브러시로 발광 표현! 푸툰의 몸통을 어렴풋이 빛나게 해보자

드라이 브러시는 그러데이션을 간단히 표현할 수 있습니다. 어두운 색부터 밝은색 순서로 칠해가면 어렴~풋이 빛나는 것 같은 분위기도 연출할 수 있습니다. 푸툰의 몸통으로 도전해보겠습니다.

**↘ 어두운 파란색을 드라이 브러시! ↙**

**↘ 밝은 블루를 핀포인트로 ↙**

**↘ 파란색 주위를 녹색으로 칠해서 빛의 그러데이션을 연출 ↙**

▲파란색과 녹색으로 골 안쪽과 주위가 빛나는 분위기를 표현하겠습니다. 먼저 검정 위에 파란색 계열 도료를 드라이 브러시 합니다.

▲STEGADON SCALE GREEN(상당히 파랗습니다)을 디테일 부분에 문질러줍니다. 발광은 어두운 부분도 중요하니까, 검정색을 완전히 가리지 않도록 합니다.

▲THUNDERHAWK BLUE를 테두리나 튀어나온 부분에 문질러줍니다.

▲골과 몰드에서 조금 떨어진 곳에 녹색을 드라이 브러시 해주면, 흘러나온 빛에 의해 빛나는 분위기가 됩니다. 이쪽도 어둡고 밝은 2색을 드라이 브러시 하겠습니다.

▲CALBAN GREEN을 드라이 브러시 한 뒤에 KABALITE GREEN으로 드라이 브러시.

▲골과 문양을 THOUSAND SONS BLUE로. 이 라인도 나중에 드라이 브러시로 발광시킵니다.

▲THOUSAND SONS BLUE를 칠한 상태. 시타델 컬러는 잘 퍼져줘서 이런 문양을 칠할 때 큰 도움이 됩니다.

▲문양이나 골의 라인도 드라이 브러시로 그러데이션 도색을 합니다. THOUSAND SONS BLUE 뒤에 AHRIMAN BLUE, BAHARROTH BLUE 순서로 드라이 브러시.

**↘ 시타델 콘트라스트로 물들여서 색을 정돈 ↙**

▶ 마지막으로 BAHARROTH BLUE를 드라이 브러시 해서 하이라이트를 다시 강조합니다. 그렇게 하면…

◀다 칠한 상태. 문양 몰드도 콘트라스트 덕분에 강조되면서, 보다 입체적이 됐습니다.

▲CONTRAST MEDIUM과 콘트라스트 LEVIADON BLUE를 1:1 정도로 섞은 것으로 문양을 물들입니다. 이러면 색이 진정되면서 보다 깔끔한 그러데이션이 됩니다.

# 완성!!!

**귀여운 푸툰 프라모델로 콜렉션 해보자!**

▲명암이 보다 선명해지면서 발광하는 것 같은 분위기가 됐습니다. 입자 느낌도 빛이 흘러나오는 분위기에 한몫을 합니다.

▶마지막으로 반광 스프레이로 몸통만 코팅. 분위기가 더 좋아졌습니다. 이렇게 간단하고 멋진 크리처 조형을 프라모델로 즐길 수 있는 키트는 이것뿐이라고 생각합니다. 'PLAMX 푸툰'은 아주 추천하는 프라모델입니다!!

modeled & described by mutcho

# 수성 도료 붓도색에 필요한 모든 것을 작은 공간에 담았다

월간 하비재팬에서 '수성 페인팅 LAB.'이라는 코너를 연재하는 뭇쵸. 그는 시타델 컬러와 바예호, 아크릴 과슈를 메인으로 사용하는 수성 아크릴 보이. 캔 스프레이 외에는 수성 됴료만 사용하니까, 방의 작은 공간에 도색 환경을 담았습니다.

1 뭇쵸의 제작 책상. 이 옆에 컴퓨터가 한 대 더 있고, 이쪽은 취미인 게임에 사용합니다. 중간 사진을 촬영할 수 있도록 카메라는 암으로 고정. 책상 모니터로 앵글을 볼 수 있도록 카메라와 모니터를 연결했습니다.
2 창가에는 도색 부스를 세팅. 기본적으로 붓도색이 메인이다 보니 사용 빈도가 적어서, 깨끗한 상태를 유지하고 있습니다.
3 조금 특수한 집이라서 베란다가 반지하에다 상당히 넓습니다(거의 방과 같은 정도). 여기서 주로 서페이서를 뿌립니다.
4 수성 도료를 빨리 말리기 위해, 발밑에 건조 부스를 설치.
5 도료는 칼라 박스에 수납.
6 도료 선반 옆에 있는 케이지 안에는 고양이가. 취재를 위해 케이지에 넣어뒀는데, 평소에는 힘차게 방을 활보합니다.
7 대량의 페인트 핸들. 미니어처 도색을 즐기다 보니, 페인트 핸들은 많을수록 좋습니다!
8 프라모델 외에 미니어처 게임도 취미라서, 관리가 힘듭니다… 이것 말고도 잔뜩 있습니다.

# Kow YOKOYAMA 요코야마 코우 대×담 MAX 와타나베 MAX WATANABE

# 붓도색은 모형이 더 즐거워진다.

「마시넨 크리거(Ma.K.)」원작자이자 일러스트레이터&모델러인 요코먀아 코우 씨와 맥스 팩토리 대표 MAX 와타나베의 붓도색 대담이 실현! 요코야마는 'SF3D' 시절부터 40년 이상, 압도적인 표현력으로 모형 팬들을 매료해온 붓도색 스페셜리스트. MAX식 도색을 크게 유행시킨 MAX 와타나베는 2010년 3월호부터 시작한 월간 하비재팬의 연재 'Ma.K. in SF3D'에서 붓도색에 눈을 뜬 이후로, 붓도색의 즐거움과 깊이를 계몽해 오고 있습니다. 그런 달인 두 사람이 붓도색의 매력을 솔직하게 이야기했습니다. (본 대담은 월간 하비재팬 2017년 12월호에 게재된 기사입니다)

## 에어브러시도 좋지만 붓도색도 재미있다!

**MAX** : 최근에 붓도색이 유행하고 있습니다.

**요코야마** : 정말? 그거 잘 됐네.

**MAX** : 많은 사람들이 붓으로 칠해보고 싶다고 하더군요.

**요코야마** : 그렇구나. 칠해놓은 모형을 보고 '이 터치가 좋네'라고 하잖아. 만지니까 터치라고 하는 거지. 붓도색은 실제로 터치하면서 칠하니까 재미있고 유행하는 거겠지.

**MAX** : 예. 정말로 유행이 왔네요. 그것도 동시다 발적으로.

**요코야마** : 옛날에는 프라모델 칠하는 사람이면 누구나 붓을 썼는데, '에어브러시는 이런 것까지 할 수 있다'는 풍조가 되면서, 에어브러시만 가지고 칠하는 사람도 나왔다. 비행기를 에어브러시 만 가지고 칠하고, 피규어는 안 칠한다는 사람도 있을 정도였으니까.

**MAX** : 다들 어쨌거나 붓자국을 싫어했죠. 공포 수준으로. 그걸 해결해주는 게 에어브러시였으니 까 '에어브러시 끝내준다~'가 됐고.

**요코야마** : 그랬지.

**MAX** : 최근에 와서 터치와 촉감 같은 붓도색의 '맛'이 인정받기 시작했고, 이제야 '붓도색 붐이 왔다~'라는 상황이죠.

**요코야마** : 최근에 모형 전시회를 보러 가보면, 다들 붓 다루는 솜씨가 아주 좋더라고.

**MAX** : 예. 밀리터리 쪽은 꽤 오래 전부터 터치라 든지 느낌을 중요하게 여겼죠. 비행기는 지금까 지 쭉 솔리드하고 깔끔하게 칠하는 느낌이었는

데, 그 비행기도 많이 달라져서 웨더링 처리하는 사람들이 꽤 늘었습니다. 건프라는 그야말로 아 주 깔끔한 것부터 꽤 지저분한 것까지 아주 다양 하고. 그런 것들을 전부 뭉뚱그려서 좋아하는 사 람들이 있는 게 마시넨의 세계 아니겠습니까. 마 시넨을 좋아하는 사람들은 에어브러시만 사용하 거나 붓도색만 하는 사람은 거의 없고, 다들 적재 적소에서 도구를 팍팍 사용하죠.

**MAX** : 하지만 옛날부터 붓도색은 약간 어렵다 는 생각이 있습니다. 붓자국이 안 생기는 모형용 에어브러시 가격이 적당해지고 붐이 왔을 때, 제 가 MAX식 도색(베이스 그레이를 뿌린 뒤에 서 서히 밝은 본체 색을 올리는 에어브러시 도색법) 을 했더니, 다들 좋아했었죠. 그 뒤로 저도 이것 저것 해왔는데, 표현도 정말 다양해졌고…. 이 얘기, 책 한 권은 쓸 만큼 길어지니까 그만 하겠 습니다(웃음).

**요코야마** : 에어브러시를 쓰면 이렇게 깔끔하게 칠할 수 있다고 유행한 것도 당연하지만, 반대로 '붓도 재미있어'라고 하고 싶어.

**MAX** : 맞습니다. 2010년부터 시작된 'Ma.K. in SF3D' 연재를 쭉 보다 보면 '에어브러시 VS 붓도 색'의 시기도 있었잖습니까. 저는 요코야마 씨한 테 대항하려고 에어브러시로 어떻게든 해보려고

했는데, 마시넨은 에어브러시만 가지고는 잘 안 되더라고요.

**요코야마** : 그런 시기도 있었지.

**MAX** : 자동차나 오토바이 모형을 만든다면 에 어브러시가 있는 쪽이 분명히 좋지만, 비행기 같 은 건 에어브러시만 가지고 칠하면 뭔가 아쉬운 데서 끝나죠. 마시넨 연재에서 붓을 쓰기 시작하 면서 헉! 싶었고, 제 입으로 말하긴 뭣하지만 붓 도색이 많이 늘었습니다(웃음).

**요코야마** : 나 같은 가정교사가 있으니까(웃음). 붓도색은 그림을 그리는 기술 중 하나인데, 모형 은 그림이랑 다르게 구도를 잡지 않아도 되고, 입 체감을 연출하지 않아도 되지. 가장 재미있는 부 분만 하면 되고.

**MAX** : 입체 색칠공부 말이죠. 그거 정말 재미 있죠.

**요코야마** : 맞아. 그래서 붓도색은 꼭 해야 하지. 붓은 2000년 가량의 역사가 있고, 사용 방법이나 이론이 명확해. 붓자국을 없애고 싶으면 붓도색 위에 에어브러시로 클리어를 뿌리면 되지. 사람 눈은 에어브러시로 뿌린 클리어 입자를 보면, 그 밑에 있는 색도 전부 에어브러시로 뿌린 것처럼 판단하니까. 그래서 아주 세세한 터치로 균등하 게 칠하다보면, 에어브러시 비슷한 도색도 가능

▲MAX 와타나베의 슈트룸케파&건담 실드. 화이트 나 이트 '프로토타입'은 요코야마 씨의 작례고, 붓은 요코야 마 씨가 평소에 사용하는 것.

**요코야마 코우** Kow YOKOYAMA
1956년생. 일러스트레이터, 모델러. SFSD, Ma.K.(마시 넨 크리거) 원작자.

**MAX 와타나베** MAX WATANABE
1962년생. 프로 모델러. 맥스 팩토리 대표이사. PLA-MAX 시리즈로 프라모델도 열심히 발매 중.

해.

**MAX** : 저는 붓으로 두드리면서 칠합니다. 톡톡 두드려서 색을 얹는 느낌. 전체에 색을 올리고 '첫 번째는 이 정도면 돼'라고. 그걸 반복하면서 제가 원하는 얼룩으로 만들어가죠.

**요코야마** : 얼룩을 얼마나 남길지가 포인트지.

**MAX** : 예. 얼룩이 너무 없으면 붓에 용제를 묻혀서 일부러 만들기도 하죠.

**요코야마** : 붓 잡는 방법도 말이야, 자기 편한 대로 잡으면 돼. 에어브러시는 그렇게 잡으면 난리가 나지만(웃음).

## 붓도색의 이점은 빠른 수정과 두꺼운 도막을 만들 수 있는 점

**MAX** : 저는 지금도 에어브러시를 편리한 도구로서 사용합니다. 예전에는 에어브러시가 만능이라고 생각했지만, 지금은 많이 달라졌죠. 가장 중요한 건 역시 적재적소겠죠. 에어브러시로만 할 수 있는 것과 에어브러시가 빠른 쪽은 에어브러시로 하고, 붓이 더 좋은 건 붓으로 하고. 이게 제일입니다.

**요코야마** : 맞아. 나도 붓과 에어브러시를 둘 다 사용하거든. 각각 장점이 있지.

**MAX** : 제가 생각하는 붓의 좋은 점은 빠르게 수정이 가능하다는 점. 모형에 톡톡 색을 얹다가 '응?' 싶으면 바로 흰색을 넣거나 회색을 넣어서 조색할 수 있죠. 색을 얹은 뒤에 바로 시행착오를 할 수 있다는 점이 좋습니다.

**요코야마** : 그리고 뭔가를 한다는 손맛이 정말 좋고.

**MAX** : 맞습니다. 붓을 여러 개 준비하면 그것도 좋죠. 본체 색과 다른 식별 띠 주황색을 칠하고 싶을 때 에어브러시라면 가장 마지막 단계가 되지만, 붓이라면 그냥 툭툭 시험해볼 수 있고.

**요코야마** : 붓은 먼저 칠한 색이 남아 있으면 그 색이 묻어서 안 된다고 생각할 수도 있지만, 그게 또 좋기도 하거든. 색이 섞여서 탁해지면 그게 나름대로 맛이 있어. 그런 걸 실패라고 생각하지 말고 붓도색을 즐겼으면 싶어.

**MAX** : 붓도색은 그런 것도 즐길 수 있지 않습니까. 그것도 장점입니다.

**요코야마** : 역시 우연을 즐길 수 있다는 게 좋지. 에어브러시에서 우연은 보통 비참한 결과를 불러오니까. 역류해서 분출한다든지(웃음).

**MAX** : 아하하. 에어브러시는 아무튼 넓고 균일하게 칠하는 데다 건조도 빠르죠. 그리고 클리어는 역시 에어브러시고.

**요코야마** : 붓도색의 이점은 도색 부스가 없어도 어떻게든 된다는 점이지. 붓도색도 창문을 열고 환기는 합니다. 에어브러시는 용제를 버리는 쪽이 많지만, 붓도색은 용제를 거의 안 쓰니까.

**MAX** : 붓도색은 도료도 아낄 수 있어서 경제적이죠.

**요코야마** : 도료를 버리지 않고 두꺼운 도막을 만드는 게 붓도색의 메리트지. 얇게 뿌리는 쪽이 샤프하게 보인다는 사람들이 많지만, 플라스틱은 빛이 투과하는 소재니까 도막은 두꺼운 쪽이 좋아. 예를 들어서 투명 캐노피 창들은 도료가 너무 묽으면, 반대쪽에서 찍었을 때 비쳐서 장난감처럼 보이잖아. 붓도색이면 같은 곳에 효율적으로 두꺼운 도막을 만들 수 있지. 얇은 곳이 있으면 마른 뒤에 더 칠하면 되고.

**MAX** : 경계에 그러데이션을 주고 싶을 때는 역시 에어브러시가 좋죠.

**요코야마** : 그런 그러데이션은 붓으로는 무리지. 에어브러시로 그림을 그리는 사람도 있잖아. 유명한 사람으로 소라야마 하지메 씨가 있는데, 그 양반도 90%는 붓으로 그려. 면적이 아니라 에어브러시를 사용하는 시간이 전체 제작 시간의 10분의 1 정도지.

**MAX** : 소라야마 씨는 에어브러시만 쓴다는 이미지가 있었는데, 아니었군요!

**요코야마** : 그렇다니까. 붓으로 그리고 에어브러시로 얼버무리는 거야. 얼버무린다는 말이 나쁜 표현이 아니고. 깔끔한 그러데이션을 넣는다든지, 정말로 연기가 나서 생긴 검댕처럼 보인다는 건, 도구를 잘 써서 사람 눈을 속이는 거니까. 붓으로 검댕을 그리면 대부분 슬픈 결과가 찾아오잖아. 다들 영화 '덩케르크'를 보고 스핏파이어를 만들려고 할 텐데, 기관총 탄피 배출구 검댕은 에어브러시로 뿌리는 게 좋아. 붓으로 하면 장어구이 소스처럼 돼버리니까(웃음).

**MAX** : 아무튼 도색은 빨리 끝내는 게 제일이니까, 붓도색은 붓도색으로 즐기고 에어브러시를 쓸 때는 쓰자는 얘기죠.

## 부담 없이 붓도색에 도전해봅시다

**요코야마** : 일 때문에 전일본 모형 하비 쇼에 맞춰서 마시넨 신작 1/20 니제 완성품을 만들어야 하는 바쁜 시기에 스핏파이어를 완성했지. 에어브러시 덕분에.

**MAX** : 취미로 스핏파이어를 완성하고, 일로 만드는 니제가 늦어지면 큰일이죠(웃음). 정말이지, 니제가 제때 나와서 다행입니다.

**요코야마** : 니제는 붓으로 칠한 곳에 에어브러시를 뿌려서 위장을 처리했지. 이러면 전부 에어브러시로 칠하는 것보다 중후한 느낌이 되니까.

**MAX** : 깔끔하게 구분하기도 하고 흐릿하게도 되니까, 둘 다 쓰는 게 좋죠.

**요코야마** : 에어브러시만 가지고 만들면 핀트를 맞출 곳이 안 보이는 것 같은 기분이 들어. 붓은 확실한 선이 들어가면 사람 눈이 거기를 보니까, 다른 사람에게 보여주고 싶은 작품을 만들 때는 붓의 명확한 경계가 있어야 하지. 에어브러시면 제대로 마스킹해서 선이 선명한 부분을 보여주면 되고. 뭔가를 표현할 때는 밝은 곳과 어두운 곳의 경계선이 중요하고, 그건 붓 쪽이 더 하기 쉽지. 도색면에 얼룩이 생기는 건 밝은 곳과 어두운 곳이 생겼다는 뜻이니까, 잘 다루는 사람은 그런 얼룩도 멋있어 보이게 처리하지.

**MAX** : 붓도색은 시타델 컬러라든지 성능이 대단한 도료가 나와서, 더 재미있어질 것 같습니다. 요코야마 씨도 꼭 한 번 시타델 컬러를 써보세요!

**요코야마** : 새로운 것에 도전해보고 싶네. 프라모델은 다들 만들 시간을 내기가 힘드니까, 붓도색이면 칠하자고 마음먹었을 때 준비 시간이 짧아. 멘탈면에서도 편하고. 붓도색은 잘 하고 못 하고가 아니라 '대충 하자' 정도로 생각하는 사람이 더 잘 칠하지. 너무 신경 쓰지 않는 게 좋아. 엉망진창이 되겠지만, 익숙하지 않은 사람은 그게 재미있다고 생각하면서 시작하면 좋을 거야.

▲MAX 와타나베 씨의 호르니세 도색면. 위장 패턴과 식별 띠도 붓으로 칠해서 깊은 맛이 난다.

| 붓도색과 에어브러시 도색의 특성 | |
| --- | --- |
| 붓도색 | 에어브러시 도색 |
| 터치로 느낌을 준다 | 균일하게 칠할 수 있다 |
| 두꺼운 도막이 가능 | 넓은 범위를 칠할 수 있다 |
| 수정이 빠르다 | 건조가 빠르다 |
| 도색 부스 불필요 | 그러데이션 도색 가능 |
| 최소한의 용제를 써서 경제적 | 블렌딩 도색 가능 |

◀요코야마 씨의 니제. 메인은 붓도색이지만 에어브러시로 위장 무늬를 처리해서 전체 느낌을 정리.

타미야 1/48 스케일 플라스틱 키트

**독일 III호 전차 L형&
WWII 독일 보병 세트**

제작·글/푸라시바

TAMIYA 1/48 scale plasctic kit
GERMAN PANZERKAMPFWAGEN III Ausf.L &
WWII WEHRMACHT INFANTRY SET
modeled & described by PURASHIBA

scribed by
**PURASHIBA**

1/48 독일 III호 전차 L형
● 발매원/타미야 ● 2,090엔,
발매 중 ● 1/48, 약 12.8cm
● 플라스틱 키트

1/48 WWII 독일 보병 세트
● 발매원/타미야 ● 1,540엔 ● 1/48, 약 4cm ● 플라스틱 키트

# 손바닥 크기
# 모형 전차니까 붓도색으로 즐기고 싶다!!

## 수성 아크릴 도료 붓도색과 1/48 타미야 MM은 베스트 커플!!

　타미야가 자랑하는 최고의 콜렉션 사이즈 전차 모형 「1/48 밀리터리 미니어처」 시리즈는 그 크기와 덩어리 느낌 덕분에 붓도색으로 칠해도 재미있는 프라모델입니다. 여기서는 독일 III호 전차 L형과 독일 보병 키트를 조합해서 만든 비네트 작례를 전해드리겠습니다.

　담당은 미니어처 게임 「워해머」 키트와 해외 레진 피규어 등을 수성 도료를 사용해서 완급이 살아 있는 붓도색으로 칠하는 것이 특기인 모델러 푸라시바. 그는 전차 모형도 좋아해서, 미니어처 페인트 기법을 활용해서 멋진 비네트를 만들어냈습니다.

▲완성하면 손바닥만 한 크기가 되는 1/48 III호 전차 L형. 구동부는 칠하기 쉽도록 구동륜과 궤도를 세트로 벗겨낼 수 있도록 후조립 가공을 했습니다.

▲피규어는 장비품도 접착해서 붓으로 칠했습니다. 시타델 컬러와 바예호, 아미 페인터 등은 차폐력이 강해서 삐져나오더라도 리터치가 간단. 그래서 미니어처를 거의 조립한 채로 칠할 수 있습니다.

070

# 도색 준비

**푸라시바**
손톱에 그림을 그릴 정도로 붓을 잘 놀린다! 시타델 컬러와 바예호 등 냄새가 없는 수성 아크릴 도료를 사용해서, 일하다가 점심시간에 도색을 즐기는 사람.

▲도료가 잘 먹히게 하고 음영이 있는 붓도색을 하고 싶으니까, 서페이서 스프레이를 뿌립니다. 전차는 옥사이드 레드 같은 빨강을, 피규어에는 검정을 뿌려줍니다.

▲도료는 물로 희석합니다. 물을 담을 뚜껑 달린 유리 용기와, 흡수 타월&반찬통으로 자작한 워터 팔레트를 준비.

▲손잡이는 워해머 미니어처를 칠할 때도 사용하는 그립을 사용. 모형을 확실히 고정할 수 있습니다.

▲드라이어를 사용해서 도료를 빨리 건조시킵니다. 효율좋게 칠하고 잘 말리기만 하면 실수도 줄일 수 있으니까, 드라이어는 필수입니다.

▲먼저 전차 부품에 빨간 스프레이를 뿌립니다. 시타델 MEPHISTON RED 스프레이는 밝은 옥시드 레드가 됩니다.

▲궤도에는 검은 스프레이를 뿌립니다. 궤도의 우묵한 디테일에 도료가 들어가니까, 붓으로 칠할 때 검정을 칠하는 수고를 줄여줍니다.

▲피규어에는 검정 스프레이. 디테일이 세세하니까 스프레이를 너무 뿌리지 않게 조심하세요!!

# III호 전차 L형 도색 개시!!

> 붓으로 두드리는 느낌으로
> 도료를 얹어줍니다!!

> 도료는 조금 묽게
> 희석해서

▲여러 색을 겹칠한 그러데이션과 위장 도색을 하겠습니다. 먼저 시타델 컬러 ZANDRI DUST를 칠합니다.

▲진한 도료를 처덕처덕 칠하면 보기 좋지 않습니다. 조금 묽게 희석하는 것이 포인트입니다.

▲밑색이 비쳐도 됩니다. 묽은 도료를 붓으로 두드려서 전체에 칠해줍니다. 우묵한 부분 등을 먼저 칠해주는 것이 포인트입니다.

▲포탑도 같은 방법으로. 묽은 도료로 칠하면 표면에 기포가 생기기도 합니다. 기포도 두드리거나 붓끝으로 쓸어서 처리해주세요.

---

## 공작을 좋아하는 모친의 영향으로 프라모델을 접했다

**—푸라시바 씨는 현재 워해머 등의 작은 미니어처를 많이 칠하시죠?**
푸라시바 : 예. 작은 것이나 손안에 들어오는 크기를 좋아합니다. 그런 것들을 일하다가 점심시간을 활용해서 칠하고 있습니다.

**—전에 전차 모형을 즐기셨다고 해서 이번 작례를 부탁드렸습니다. 푸라시바 씨의 프라모델 편력을 말씀해주세요.**
푸라시바 : 어머니의 영향이 컸습니다. 공작을 좋아하는 분이라서 집안 장지문을 종이 오린 것으로 장식한다든지 해서 저희를 기쁘게 해주셨죠. 프라모델도 도료와 같이 사주셨습니다. 그걸 어머니와 같이 만들면서, 프라모델을 만드는 재미를 배웠습니다. 뭔가 이상한 녹색 로봇을 만들었던 것 같네요.

**—훌륭한 어머니시군요! 그럼 계속 프라모델을 접하셨나요?**
푸라시바 : 중학교쯤에 일단 졸업했습니다. 저희 시골은 짓궂은 형님들도 많아서, 같이 노는 게 정말 재미있었거든요! 그리고 조금 돌아가는데… 초등학교 그림 수업에서 트라우마가 좀…. 소방차 창문을 하늘색으로 칠했더니, 선생님이 그런 색은 없어! 라고 주의를 주셨습니다. 그때부터 그림에 색을 칠하고 모형에 색을 칠하는 게 정말 싫어졌어요. 그래도 그림 그리는 건 좋아서 계속 흑백 그림만 그려왔죠. 색을 칠하는 재미를 잃은 것도, 일단 프라모델에서 멀어진 이유였겠죠.

**—지금은 이렇게 멋진 색을 칠하는데… 어떻게 돌아오게 됐나요?**
푸라시바 : 고등학교 때, 학교에서 「패트레이버」의 잉그램 그림을 그렸습니다. 흰색과 검정색 로봇이라서 마침 색이 없는 제 세계에 딱 맞았죠. 그런데 그걸 그리는 사이에 흰색과 검정색을 칠하고 싶어졌습니다. 학교에 에어브러시가 있었고, 처음으로 잡아봤죠. 그게 제 도색 부활의 날이었습니다. 하지만 당시에는 프라모델이 아니라 오토바이를 만지는 걸 좋아해서, 그쪽을 칠했죠.

그 뒤에 어른이 돼서 별 생각 없이 읽던 모형지에서 봤던 제트기나 전차의 블렌딩 도색이 멋져 보이면서 마음이 끌렸고, 다시 프라모델을 칠해보기로 했죠. 잉그램을 칠했던 때처럼 에어브러시를 써봤습니다. 그런데 이때, 세세한 곳의 붓도색과 에어브러시 도색의 차이가 너무 커서, 붓도색도 더 잘 배워야겠다고 생각했죠. 그 때 만난 것이 「워해머」와 월간 하비재팬에서도 모델러로 활약하는 텐쵸 씨(하비샵 애로우즈 점장)였습니다. 텐쵸 씨께 시타델 컬러의 기본을 배웠더니 도색이 더 재미있어져서, 도료를 모으고 붓을 사들이면서 제 모형 인생이 더 열심히 돌아갔죠. 전차나 비행기에 붓도색을 살려보려고 시작했는데, 지금은 「워해머」에 푹 빠졌습니다. 그리고 이번 작례를 통해서 전차 모형과 재회했습니다. 붓과 도료는 모형과 사람을 이어준다고, 새삼 느꼈습니다. 모형은 정말 최고입니다.

▲ZANDRI DUST를 다 칠했습니다. 상당히 어두운 갈색 처럼 보이죠. 이것이 다크 옐로의 바탕색이 됩니다.

▲다음 색이 메인 컬러인 MORGHAST BONE. 상당히 밝은 다크 옐로니까, 나중에 웨더링을 해도 너무 칙칙해지지 않아서 추천합니다.

\ 음영 부분은 거의 칠하지 않는 정도로! /

▲큐폴라와 포방패의 음영이 되는 부분은 ZANDRI DUST 를 남기는 느낌으로. 전부 칠해버리면 밑색이 의미가 없어 집니다. 아까처럼 톡톡 두드리면서 칠합니다.

▲MORGHAST BONE을 다 칠한 상태. 밑 색을 살리는 도색은 완전히 가리지 않는 게 포인트. 자꾸 다 칠해버리고 싶어지지만 참 아야 합니다.

\ 붓도색으로 위장 도색에 도전! /

▲녹색 위장을 붓으로 그려줍니다. 사용할 색은 아미 페인터의 커맨드 그린. 밝은 다 크 그린 같은 느낌입니다.

▲설명서의 도색 가이드를 보면서 붓을 움 직입니다. 엄밀하게 그리는 건 어려우니까, 일러스트와 비슷하게 그리기만 하면 문제 없습니다.

\ 위장도 희석한 도료로 칠하자! /

▲위장도 묽게 희석한 도료로 모형을 물 들인다는 감각으로 칠해갑니다. 도막이 흐릿하고 수정하기도 쉬워집니다.

▲붓끝을 살려서 조금씩 그려줍니다. 모양 이나 굵기는 나중에 리터치로 수정하면 되 니까, 각 면의 위장 모양을 대략적으로 완 성합니다.

\ 본체색으로 리터치!! /

▲위장을 칠했으면 일러스트를 보면서 본 체 색으로 위장을 덮어서 수정합니다. 이 공정이 위장 도색에서 가장 중요합니다.

\ 셰이드로 디테일을 강조 /

▲시타델 컬러의 먹선 도료 '셰이드'를 사 용. 다크 옐로에는 SERAPHIM SEPIA가 상성이 아주 좋습니다.

▲디테일 부분에 도료를 톡톡 흘려 넣습 니다. 삐져나오면 물에 적신 면봉으로 닦 아내면 깔끔해집니다.

\ 하이라이트를 그리자! /

▲부품의 모서리나 정점에 밝은색을 입혀 서 하이라이트를 표현합니다. 아미 페인터 의 애리드 어스를 사용합니다.

▲칠한다기보다 톡톡 붓끝으로 건드린다 는 느낌. 많이 밝은색이므로 큰 악센트가 됩니다.

\ 흠집을 그려보자!! /

▲방금 하이라이트를 넣은 부분에 어두운 색을 콕콕 얹어주면 깊은 흠집이 난 것처럼 보여줄 수 있습니다. 이 방법은 정말 재미 있습니다.

▲애리드 어스를 칠한 곳에 시타델 DRYAD BARK를 콕콕 칠합니다. 테두리 가 하얗고, 도료가 벗겨진 것 같은 흠집을 간단하게 표현했습니다.

▲밑색을 잘 살린 덕에 강약이 있는 음영이 만들어졌습 니다. 흠집과 하이라이트의 균형도 절묘!! 붓도색으로 전 차 모형을 이렇게까지 칠할 수 있습니다.

modeled & described by PURASHIBA

# 1/48다운 분위기를 즐기는 피규어 도색

1/48 스케일 피규어는 정말 작습니다. 이번에는 열심히 칠해서 지고의 존재를 만드는 게 아니라, 작은 크기를 활용해서 적은 수고로 분위기를 우선하는 쪽을 목표로 하겠습니다.

◀피부부터 칠합니다! 피부 밑색으로도 좋은 시타델 컬러 BUGMAN'S GLOW를 칠합니다.

▶조금 묽게 희석해서 칠합니다.

▲아미 페인터 바바리안 플레시를 칠합니다. 이것이 메인 컬러가 됩니다.

▲눈가와 입가, 뺨이 그을린 부분 등은 밑색을 남깁니다.

▲아미 페인터의 콥스 페일로 하이라이트를 넣겠습니다.

▲뺨의 부푼 부분, 코끝, 이마 등 밝은 부분에 조금씩 칠해줍니다.

▲피부색 그러데이션을 정리하기 위해 시타델 REIKLAND FLESHSHADE를 얼굴 전체에 칠합니다.

▲눈가 등의 가장 우묵한 부분에 갈색에 가까운 AGRAX EARTHSHADE를 핀포인트로 흘려줍니다.

▲완성! 아주 작은 피규어지만 분위기 있게 완성됐습니다.

\ 군복을 칠합니다!! /
▲갈색 계열을 바탕으로 삼고, 필드 그레이를 그림자색으로 썼습니다. 사용한 색은 STEEL LEGION DRAB. 검은 밑색이 살짝 비칠 정도로 전체에 칠해주세요.

\ 일단 먹선을 넣습니다!! /
▲이 단계에서 아미 페인터의 밀리터리 셰이더로 먹선. 이 뒤에 칠할 필드 그레이의 색감이 죽지 않도록 하기 위해서입니다.

▲아미 페인터의 아미 그린을 칠합니다. 전체에 칠하는 게 아니라 옷의 튀어나온 부분을 메인으로 칠합니다. 우묵한 부분은 그대로 두세요.

▲그린 하나만 얹어도 단번에 강약이 살아있는 필드 그레이가 됐습니다.

▼음양이 뚜렷한 미니어처 페인트적 기법으로 완성했습니다. 이렇게 칠하면 비네트에 올렸을 때 작은 사이즈면서도 존재감을 발휘합니다. 꼭 참고해 보세요.

▲마지막에는 더 밝은 컴뱃 퍼티그라는 색을 칠합니다.

▲헬멧 위쪽부터 정점은 많이 밝아지는 부분.

▲옷은 주름의 디테일이 가장 튀어나온 부분에 칠합니다.

# 안 쓰게 된 창고를
# 좋아하는 것들이 담긴 아틀리에로 개장

월간 하비재팬에서 주로 미니어처 모델 작례를 담당하고 그 도색 방법을 살린 How to로 인기인 푸라시바 씨. 평소에는 회사 점심시간에 붓도색을 하는 사람입니다만, 집에 돌아오면 집 옆의 창고에서 작업을 합니다. 책장과 커튼을 잘 활용해서 최고의 취미 공간으로 개장한 창고는 모델러가 꿈꾸는 좋아하는 것들이 담긴 아틀리에였습니다.

① 창고 한쪽을 개장해서 만든 모형 제작 전용 공간. 조명은 파이프와 케이블 타이 등으로 자작했습니다.
② 손이 닿는 곳에 도료가 늘어서 있습니다. 수성 도료가 잘 마르지 않게 해주는 워터 팔레트 밑에는 100엔 샵의 쟁반을 놔서, 도료가 넘쳐도 문제 없도록 했습니다. 물은 잘 쓰러지지 않은 무거운 유리병에 담아서 사용.
③ 자주 사용하는 붓은 쟁반에. 콜린스키 붓을 메인으로 사용하고, 먼지를 털어내는 브러시와 눈이 피곤할 때 쓰는 안약도 있습니다.
④ 자주 사용하는 시타델 컬러는 전용 케이스에 모아서 수납했습니다. 케이스가 작업 책상 반대쪽에 있어서, 사용할 때는 그때마다 여기서 선택합니다.
⑤ 붓도색 끝내고 뒤처리가 귀찮아! 라는 분도 많을 수 있겠지만, 푸라시바 씨는 붓 손질도 즐깁니다. 천천히, 착실하게 붓을 돌보는 것도 어른의 취미 중 하나일지도 모르겠네요.
⑥ '세트 판매 붓을 자주 사용하지만, 모형을 칠하기엔 너무 큰 붓을 버리기는 아까운데 어떻게 해야 좋을까요(웃음)'(푸라시바). 책상 한쪽에는 그런 붓이 잔뜩.
⑦ 에어브러시를 사용할 때는 매번 상자에서 꺼내서 사용.
⑧ 방의 칸막이 역할을 하는 책장에는 좋아하는 만화가 빼곡. 과거에 수상한 상장과 프라모델 런너도 전시했습니다.
⑨ 정비 중인 오토바이와 소파를 놓을 만큼 넓은 창고. 겨울엔 많이 추워서 난로가 필수입니다.

# FERGUSON PETIT GRIS
## 움직이는 차는 붓도색에 딱 어울리는 모티프!

엘레르 1/24 스케일 플라스틱 키트
**퍼거슨 트랙터**
제작·글 **키노스케**

Heller 1/24 scale plastic kit
FERGUSON PETIT GRIS
modeled & described KINOSUKE

1/24 퍼거슨 쁘띠 그리 트랙터
● 발매원·엘레르, 판매원/프라츠
● 7,920엔/발매 중 ● 1/24, 약 11cm ● 플라스틱 키트

Heller 1/24 scale plastic kit FERGUSON PETIT GRIS

트랙터는 진흙이나 녹, 칠 벗겨짐, 각 부분의 대미지가 승용차보다 심합니다. 이런 움직이는 차는 붓도색과 상성도 최고! 여기서는 '엘레르 1/24 퍼거슨 트랙터' 작례를 전해드립니다. 래커 도료를 사용한 붓도색으로, 모형 위에서 도료가 절묘하게 녹아들며 자아내는 분위기가 정말 멋집니다!!

# 도색 준비는 아주 콤팩트

\ 래커 도료로 붓도색을 즐겨봅시다~ /

\ 밑칠은 마호가니색을 칠했습니다 /

**칠한 사람! 키노스케**

이 책의 표지에도 실린 건담을 붓도색으로 만든 모델러. 주로 래커 도료를 사용하고 다양한 모형을 붓도색으로 즐기고 있습니다. 캠핑과 계곡 낚시 등 아웃도어 활동도 좋아합니다.

▶일본에서 가장 많이 사용하는 도료 장르인 '래커 도료'. 건조가 빠르고 광택이 아름다운 것이 특징입니다. 가장 기본적인 이 도료로 붓도색을 해보겠습니다. 붓은 홀베인의 리세블 붓과, 거친 작업에 쓰는 적당히 낡은 붓을 사용합니다.

▲내부 부품과 외장 부품 안쪽에는 음영색으로 마호가니색 서페이서를 뿌렸습니다.

## 키노스케의 붓도색 혼을 달군 「군고구마」와 「기세」

### 수성 하비 컬러를 처덕처덕 칠한 즐거움

**—키노스케 씨는 처음 만든 프라모델이 기억 나시나요?**

키노스케 : 저는 초등학교 5학년 때 처음 만들었습니다. 너무 즐거운 체험이었기에 지금도 선명하게 기억하죠. 만들었던 건 이마이의 풍물시 시리즈 '군고구마'입니다. 군고구마 노점과 받침, 나무, 가로등, 베이스가 세트로 구성됐는데, 이 상품만 가지고 간단한 정경을 만들 수 있었죠.

**—소년 시절부터 네이처 계열이었군요**

키노스케 : 지금도 아웃도어를 아주 좋아하고, 정경 모형도 좋아합니다. 아마 어릴 적부터 봐왔던 경치나 그런 분위기가 있는 물건을 좋아했던 것 같습니다. 니퍼와 접착제가 낯설지만 그래도 써가면서 조립하고, 그리고 그대로 수성 하비 컬러를 붓으로 처덕처덕 칠했죠. 플라스틱이 내가 좋아하는 색으로 물들어가는 즐거움을, 그때 알게 된 것 같습니다.

그때는 방에 있던 운동화 상자를 프라모델에 딸려오는 베이스 크기로 자르고, 가공해서 케이스도 만들었습니다. 랩으로 투명 커버를 씌워서. 내가 만든 작품이다! 라고 자랑하고 싶었던 거겠죠.

**—붓도색에다 디스플레이까지! 그렇게 재미있었으면 모형에 푹 빠졌겠군요.**

키노스케 : 그렇죠. 그 뒤에 이런저런 모형을 샀던 것 같습니다. 하지만 고등학교때 쯤에 일단 프라모델을 졸업했습니다. 흔히 있는 일이죠. 그런데 졸업하기 전에 어쩌다 사뒀던 프라모델이 저를 다시 모형의 즐거움으로 복귀시켜줬죠. 바로 '마시넨 크리거'였습니다. 지금도 많은 사람이 붓도색을 즐기는 프라모델이죠.

### 벽장에 있던 파이어볼 SG의 목소리가 들려왔다

키노스케 : 서점에서 오랜만에 모형지를 읽었습니다. 깔끔하고 멋진 건프라가 잔뜩 실려 있었는데, 그중에 중후한 메카가 있더군요. '마시넨 크리거…? 이건 뭐지?'라는 생각에 집에 와서 인터넷을 열심히 뒤졌죠. 더 뒤져보니 뭔가 프라모델 미팅 같은 것도 한다더군요. 그렇게 조사하다가 뭔든 좋으니까 프라모델이 만들고 싶어져서, 예전에 사서 벽장에 처박아뒀던 프라모델을 들여다봤죠. 그랬더니 거기에 우연히도 갈색 상자의 '웨이브 파이어볼

트랙터는 프랑스 제조사 엘레르의 정신이 담긴 최고의 키트다. 참고로 나는 ICM제 피규어고

SG'가 있었습니다!! 어릴 때 뭔지도 모르고 샀겠죠. 세상에 이런 일이… '하늘의 계시'인가? 라고, 정말 그렇게 생각했습니다. 그대로 상자를 열어서 바로 만들고, 칠하고, 그리고 그 기세를 타고 미팅에 참가했죠. 붓도색 할 때의 텐션은 그 '군고구마' 시절의 저와 똑같았습니다. 그리고 조금 더 어른이 된 저는 그 시절보다 잘 칠했죠. 이런 체험을 했으니, 이젠 모형 세계에서 빠져나갈 수 없는 몸이 돼버렸습니다.

### 붓의 '기세'는 내 모형 인생 그 자체

**—멋진 체험과, 그것을 실행하는 기세가 훌륭하군요!**

키노스케 : 딱 대학에 들어갔을 무렵이니까, 세상에 무서운 게 없었죠. 그 '붓으로 칠하고 기세를 타고 완성한 체험'을 잊을 수가 없어서, 지금도 붓도색 메인으로 모형을 즐기는 게 아닌가 싶습니다. 에어브러시도 가지고는 있지만, 서페이서를 뿌리거나 음영색을 뿌리는 등등 보조수단으로 쓰는 정도죠. 붓도색이기에 가능한 '기세' 같은 것이, 제 모형 인생 그 자체가 아닌가 싶습니다.

## POINT

1 / 웨더링을 상정한
사전 입자 칠하기!!

2 / 프라모델 위에서
래커 도료와 춤을

3 / 광택감 컨트롤로
사용감을 연출!!

4 / 너덜너덜한 붓은
웨더링의 좋은 파트너

# 래커 퍼티와 모래로「입자 칠하기」!

기본 도색에 들어가기 전에, 세월이 지나서 도색이 우둘투둘해진 분위기를 연출하기 위해, 입자감이 있는 래커 퍼티와 모래, 모형용 도료를 섞어서 곳곳에 발라줍니다.

▲타미야 래커 퍼티를 도료 접시에 덜어줍니다.

▲웨이브에서 발매한 1회용 붓, 래커 퍼티, 디오라마용 고운 모래를 준비합니다.

▲래커 도료 마호가니를 준비. 잘~섞어줍니다.

▲퍼티와 모래와 마호가니를 한 접시에 넣고, 래커 신너를 2~3방울 넣습니다.

▲잘~섞어주세요. 신너는 아주 조금만 넣으면 됩니다.

▲대미지가 심할 것 같은, 땅에 가까운 부품이나 휠 등에 붓으로 랜덤하게 발라주세요. 이걸로 도색 밑준비 완료.

# 래커 도료로 본체 도색 스타트!!

래커 도료는 덧칠하면 도면을 녹입니다. 그러면서 생겨나는 작위적이지 않은 색 변화를 즐길 수 있습니다. 가까운 색을 겹치다 보면 모형 위에서 절묘한 그러데이션이 생겨납니다.

▶전조등 하나를 빼는 등, 공작 단계에서 대미지 처리를 해줬습니다.

---

**\ 한 곳에 여러 번 칠하지 마세요 /**

▲먼저 메인 컬러인 샤인 레드를 칠합니다. 같은 곳에 여러 번 칠하지 말고 전체적으로 칠합니다.

**\ 얼룩이 지더라도 신경 쓰지 마세요! /**

▲이런 느낌으로, 얼룩진 곳이 있더라도 윗면 전체를 칠해줍니다.

**\ 마스킹은 붓도색에서도 효과적입니다! /**

▲에어브러시 도색 때처럼, 붓도색에서도 색 구분에 마스킹 테이프가 활약! 라이트가 떨어진 부분은 녹슨 것처럼 처리하고 싶으니까, 마스킹 처리해줍니다.

---

**\ 도료가 마르면 래커 신너를 살짝 추가 /**

▲오랫동안 칠하다 보면 팔레트의 도료가 말라버립니다. 그럴 때는 래커 신너를 조금만 추가하면 다시 촉촉한 도료가 됩니다.

**\ 부품 도색은 로테이션으로! /**

▲부품 하나를 칠하고 마를 때까지 기다리는 게 아니라, 그 시간에 다른 부품을 칠해주세요. 효율이 아주 좋아집니다.

**\ 마르면 다시 한번 겹칠합니다! /**

▲일단 칠한 도료가 완전히 마르면 다시 한번 겹칠합니다. 그러면 덜 칠한 곳이나 붓자국을 잡을 수 있습니다.

---

# 혼색한 도료를 칠해서 정보량 증가!!

단색으로만 칠하는 것보다 혼색한 도료를 여러 색으로 칠해서 그러데이션을 주는 쪽이 정보량이 늘어나고 멋있어집니다. 이번에는 오래 사용하는 분위기를 내기 위해, 각 부분에 밝은색을 칠해서 퇴색된 분위기를 표현했습니다.

**\ 오렌지 계열 색을 만듭니다 /**

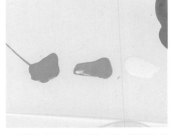

▲왼쪽부터 오렌지, 미들 스톤, 화이트. 이것들을 섞어서 모형의 외장에 칠해갑니다.

**\ 잘 섞어줍니다 /**

▲세 색이 골고루 섞이도록, 붓으로 잘 비벼준 뒤에 칠해주세요.

**\ 색이 변했을 것 같은 곳에 칠해주자! /**

▲선명한 샤인 레드 위에 오렌지색을 칠하면 빨간색이 세월 때문에 퇴색된 분위기가 됩니다. 샤인 레드를 다 가려버리지 않게 주의!

# 광택감은 중요!
# 부위별로
# 바꿔봅시다

깔끔한 곳은 광택을 남기고, 열화된 곳은 무광으로 해주면 정보량이 더 늘어나고 분위기가 좋아집니다.

병 바닥 침전물을 잘 섞어주세요

▲이쪽은 플랫 베이스. 병 바닥에 가라앉은 도료도 잘 섞어서 칠해주세요.

넓게 칠하지 말고, 핀포인트가 중요

▲방금 만든 오렌지색에 섞어서, 광택이 죽었을 것 같은 곳에 핀포인트로 칠합니다.

광택 변화는 색 변화만큼 인상을 바꿔줍니다

▲플랫 베이스를 섞은 도료로 칠한 부분은 광택이 확 죽으니까, 대미지 느낌이 더 두드러집니다.

# 먼저 녹을
# 그려줍시다!

녹 얼룩은 웨더링용 도료로 하는 경우가 많지만, 먼저 래커 도료로 녹슨 색을 만들어서 녹슬 것 같은 곳에 칠해줍니다.

오렌지와 옐로를 섞어서 녹슨 색을 만듭니다

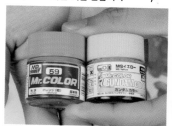

▲붉은 녹이 일어난 분위기를 연출하는 색은, 오렌지와 옐로를 섞어서 표현하겠습니다.

녹슬 것 같은 곳에 핀포인트로 칠합니다

▲붓끝에 도료를 조금 머금어서 콕콕 찍듯이 칠해줍니다.

녹이 일어났습니다!

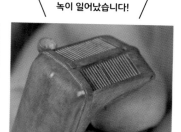

▲부품의 엣지 부분에 녹이 일어났습니다. 나중에 여기다 웨더링 컬러를 칠하면 더 녹처럼 보입니다.

# 기관부를 칠하자!

기관부는 디테일이 자잘해서 제대로 칠하려면 힘듭니다. 그래서 일부러 얼룩을 남기며 칠해서, 오래 사용한 분위기를 연출하겠습니다.

파이핑을 추가해서 더 멋있어졌습니다!

자잘한 디테일이 잔뜩!

▲기관부와 프레임 등은 터콰이즈 그린으로 칠합니다. 외장보다 심하게 더러워지니까 깔끔하게 칠할 필요는 없습니다.

얼룩도 붓자국도 대환영!!

▲처음에는 다른 생각 하지 말고 전체에 색을 엷게 입혀주는 데 집중합니다. 이 내부 부품은 약간 거칠게 칠하는 쪽이 멋있습니다.

◀헤드라이트 렌즈는 키트의 부품을 뚫고 시판 부품으로 디테일 업. 기관부는 어닐링한 황동봉이나 늘린 런너로 파이핑을 추가.

두 번째 칠은 흰색을 섞어서

▲두 번째는 터콰이즈 그린에 흰색을 섞어 칠하고, 그러데이션 도색을 합니다.

외장을 안 입히는 부분을 밝게 해주는 느낌으로

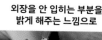

▲두 번째 색은 주로 외장을 입히지 않고 노출되는 부분을 중심으로 칠합니다.

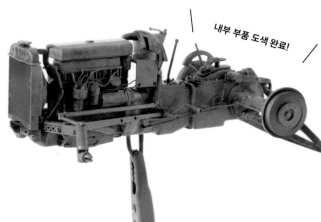

내부 부품 도색 완료!

▲밑색 마호가니가 비치면서 오래 사용한 이미지가 됩니다. 기관부는 열 때문에 도료가 대미지를 입으니까, 무광을 섞은 터콰이즈 그린+흰색으로 칠했습니다.

# 너덜너덜한 붓으로 치핑하자!!

너덜너덜한 붓은 끝이 랜덤해져서, 작위적이지 않고 자연스런 대미지 표현이 가능합니다!

\ 도료가 벗겨진 부분을 표현합니다! /

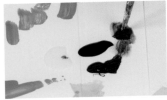

▲흑철색과 갈색을 섞어서 너덜너덜한 붓에 조금 묻힙니다. 티슈 위에 붓을 살짝 두드리고, 모형에 이 도료를 입힙니다.

\ 붓으로 두드리듯 칠해줍니다 /

▲도료가 벗겨질 것 같은 곳에 톡톡 두드리듯 칠해줍니다. 그러면 너덜너덜한 붓털 덕분에 도료가 랜덤하게 입혀지고 리얼한 벗겨짐을 표현할 수 있습니다.

\ 윗면에도 작은 흠집을 /

▲윗면 각진 부분이나 도색이 벗겨질 것 같은 부분도 붓끝으로 톡톡 두드려서 치핑했습니다.

# 마지막은 웨더링 컬러로 정리!!

마지막엔 GSI 크레오스의 웨더링 컬러로 그러데이션을 진정시키고 디테일에 먹선을 넣습니다.

\ 혼색해서 사용합니다 /

▲스테인 브라운과 멀티 브라운을 1:1로 섞어서 사용합니다.

\ 표면에 살짝 칠하면 그러데이션이 정리됩니다 /

▲각 몰드에 먹선을 넣고, 표면에 살짝 칠해주세요. 그러면 표면의 그러데이션이 진정되고 보다 정리된 인상이 됩니다.

\ 부품 구석에 고인 먼지를 표현 /

▲샌디 워시는 희끄무레한 얼룩을 추가할 수 있습니다. 타이어나 기관부 구석 등에 핀포인트로 사용합니다.

\ 먼지가 악센트가 됐습니다! /

▲디테일에 핀포인트로 흘려놓고 면봉으로 닦아냈습니다. 구석에 남은 얼룩이 괜찮게 표현됐습니다.

# 트랙터 프라모델은 재미있다!!

병기에 없는 매력이 넘치는 트랙터 프라모델. 거친 일을 하니까 많이 더러워지겠죠. 그 분위기는 붓도색에 딱 어울립니다. 일하는 차량의 프라모델을 꼭 붓도색으로 즐겨보세요!

modeled & described by **KINOSUKE**

타미야 1/48 스케일 플라스틱 키트
## 그루먼 F-14A 톰캣 (후기형) 발함 세트
제작·글/오오모리 키시

그루먼 F-14A 톰캣
(후기형) 발함 세트
● 발매원/타미야 ● 9,680엔, 발매 중
● 1/48, 약 39,8cm ● 플라스틱 키트

궁극의 비행기 모형
「타미야 1/48 F-14 톰캣」

| TAMIYA 1/48 scale plastic kit GRUMMAN F-14A TOMCAT (LATE MODEL) CARRIER LAUNCH SET |

TAMIYA 1/48 scale plastic kit
GRUMMAN F-14A TOMCAT (LATE MODEL) CARRIER LAUNCH SET
modelled & described by Kishi OMORI

# 타미야의 1/48 톰캣은
# 지고의 붓도색 캔버스!! 대담하게 공략하자

　타미야 궁극의 비행기 모형 중 하나, 그것이 「1/48 그루먼 F-14 톰캣(후기형) 발함 세트」입니다. 넓은 면, 실제 기체에서 흔히 볼 수 있는 하드한 웨더링은 붓도색과 상성이 최고.
　담당한 오오모리 키시 씨는 '크니까 붓으로 칠하기 편해!! 마치 커다란 캔버스 같아!! 이만큼 붓도색이 재미있는 비행기 모형은 없습니다!!'라고 할 정도로, 붓도색을 받아들여 주는 제트 전투기 프라모델. 그 말대로 마치 타미야의 패키지 일러스트가 튀어나온 것 같은 생생하고 훌륭한 작례가 됐습니다. 톰캣 붓도색… 최고로 즐거운 시간이 아닐 리가 없습니다.

# 플라스틱 덩어리에 붓을 놀리면
# 심리스로 '스케일 모델'이 되는 순간이 너무나 좋습니다!

modeled & described by Kishi OMORI

**스케일 모델과 조이드**

**—키시 씨 부모님은 예술 쪽 분들이시죠?**

키시 : 예. 덕분에 어릴 적부터 뭔가를 만드는 걸 아주 좋아했고, 프라모델이나 장난감을 즐겼습니다. 아버지도 프라모델을 좋아하셨고, 어머니도 일 관계로 가끔 모형을 만들거나 디자인이 좋은 프라모델 상자를 수집하셨죠.

**—키시 씨는 어떤 모형을 좋아하셨나요?**

키시 : 조이드와 스케일 모델입니다. 조이드 얘기부터 하자면, 그야말로 제 인생을 정해버린 놀이였습니다. 플라스틱 색으로 거의 완결되고, 조립만 해도 멋진 모형이 완성됩니다. '색을 칠하지 않아도 실컷 즐길 수 있는 프라모델'이 있는 즐거움. 조립만 해도 정말 재미있고, 완성한 후에 움직이면서 놀 수 있는… 만들기의 즐거움이 전부 담겨 있었죠!! 이 감각으로 '건프라'도 즐겨왔는데, 건프라도 색을 칠하지 않고 그 '아름다운 성형색'을 즐기면서 놀았죠.

대조적으로 스케일 모델은 자꾸만 칠하고 싶어지는 프라모델이었습니다. 방바닥에 놔두고 하면서 놀았죠. 그때 단색 플라스틱이 뭔가 허전하다… 경치가 이어지지 않아… 라고 생각했고, 놀러 가는 곳에 맞춰서 캔 스프레이로 원하는 색을 칠했죠. 이때 '칠하는 즐거움'이라는 것이 싹튼 것 같습니다.

**붓도색은 「그림」의 분위기를 모형에 투영할 수 있는 즐거움**

**—붓도색에 눈뜨게 된 계기는 뭔가요?**

키시 : 저는 프라모델 박스 아트를 정말 좋아합니다. 특히 붓 터치가 남아 있는 것 같은 일러스트를 아주 좋아했죠. 그걸 보고 '프라모델을 이렇게 칠하려면 어떻게 해야 좋을까?'라고 생각했습니다. 그러다가 요코야마 코우

씨의 '마시넨 크리거'를 만났죠. 요코야마 씨가 프라모델에는, 요코야마 씨가 붓으로 그리는 그림의 분위기가 그대로 투영돼 있었습니다. 캔 스프레이로 칠하던 제가 거기서부터 붓도색으로 빠져들었죠.

**목표는 실기가 아니라 「박스아트」**

키시 : 실기도 좋아하지만, 박스 아트를 더 좋아합니다! 그래서 박스 아트가 멋진 프라모델은 자꾸만 사게 되죠. 그리고 그 일러스트의 그림자와 선을 잘 보면서 프라모델을 칠하는 걸 정말 좋아합니다. 이번 타미야 톰캣의 박스 아트도 마치 캐릭터 메카처럼 '파랑'이 선명하고 멋져서, '이 파랑을 멋지게 칠하고 싶다!'라고 생각하면서 붓을 놀렸습니다.

그리고 붓을 통해서 계속 모형과 접하다 보면 '붓이 내 일부'가 되는 감각이 듭니다. 그런 때 눈앞에 있는 모형을 칠하면, 플라스틱 덩어리였던 것이 붓 터치에 의해 '스케일 모델'이 되는 순간을 체감할 수 있습니다. 이 순간이 정말 행복하고 '프라모델 붓도색은 정말 즐겁다'라고 생각하게 해줍니다.

# 붓도색 준비를 하자!!

**주로 분세이도 붓을 사용**

▲우에노 분세이도의 특선 세트 붓을 사용. 구하기 쉽고 싸기에 팍팍 사용할 수 있어서.

**대학에서 만난 「VAN GOGH」**

▲대학에서 프라모델 붓도색을 하고 싶다~라는 생각으로 학교 생활에 가서 샀던 붓. 반 고흐… 라는 스트레이트한 이름에 이끌렸습니다. 무난하게 쓰기 편한 붓입니다.

**저가 붓도 든든해**

▲인터넷에서 대량으로 구입할 수 있는 저가 붓. 드라이 브러시나 퍼티 칠, 서페이서 칠 등등 붓에 대미지를 주는 작업에는 이런 붓을 사용합니다.

**세세한 도색은 이 붓으로!**

▲우에노 분세이도의 정밀 면상필로 세세한 곳을 칠합니다. 이쪽은 아주 마음에 들어서, 다른 붓보다 공들여서 손질합니다.

**메인 회색은 타미야 래커로 칠합니다!**

▲라이트 그레이, 라이트 고스트 그레이는 타미야 래커를 사용. 그리고 타미야 래커에 맞춰서 리타더가 들어간 래커 용제도 사용. 이 용제가 정말 좋은데, 붓도색이 아주 편해집니다.

**팔레트는 도기 접시로**

▲도기 접시의 단단함이 붓에 머금는 도료 양을 조절하기 좋아서 사용합니다. 용제에도 강해서 안심하고 사용.

**모로조프 푸딩 용기는 붓 세척 전용**

▲붓을 자주 씻으면서 칠하는데, 그래서 항상 붓 세척용 용제를 이 '모로조프 유리 푸딩 용기'에 담가둡니다. 적당히 무거워서 붓을 헹궈도 쓰러지지 않습니다.

# POINT

1 / 처음부터 패널라인이 그림자가 되도록
   '검정' 밑색으로 공략
2 / 패널라인을 의식하며 붓칠
3 / 클리어 컬러로 조색하고,
   기체 표면의 얼룩도 동시 진행으로
   칠해나간다
4 / 부위별로 광택을 다르게
5 / 도색 중에 다양한 붓을
   사용해서 터치에 변화를 준다

**칠한
사람**

## 오오모리 키시

도쿄 예술대학 조각과 졸업. 프라모
델부터 오리지널 메카 조형 제작까지,
아무튼 만드는 걸 좋아한다. 조형은
물론이고 붓도색의 기세나 색 구사도
훌륭해서, 그가 칠한 모형에는 어쨌거
나 즐거워 보이는 매력이 있습니다.

modeled & described by **Kishi OMORI**

## 캔 스프레이 Mr.컬러 서페이서 블랙으로 밑칠

◀마지막 먹선에서 패널라인을 강조하는 방식을 선호하지 않아서, 미리 검정 바탕을 칠하고 이 검정이 패널라인과 몰드에 남도록 칠합니다.

\ 내부 흰색은 붓으로 칠합니다 /

패널라인에 검정이 잘 들어가도록 전체를 까맣게 칠한다!

▶기어 수납부 등 내부는 런너 상태에서 먼저 칠해두면 편합니다.

\ 눈에 띄지 않으니까 분위기 중시면 OK /

\ 래커 도료를 사용합니다 /

▲완성한 뒤에 굳이 봐야만 보이는 곳은 분위기 중시로 OK.

◀기체색은 타미야 래커 라이트 그레이와 라이트 고스트 그레이를 사용. 이 색에 사진의 도료를 조금씩 섞으면서 칠해갑니다. 특히 클리어 오렌지와 클리어 브라운이 최고로 활약줍니다.

# 먼저 어두운 그레이를 칠합니다!

바로 회색을 발색하는 게 아니라, 어둡게 조색한 검정에 가까운 회색으로 덮어줍니다. 바로 밝은 회색을 칠하려고 하면 억지로 발색시키려고 하다가 도막도 두꺼워집니다. 어두운 색을 묽게 칠하고, 점점 밝은색을 칠해가는 게 포인트입니다.

▶래커 도료는 말라도 용제로 부활하니까, 사용할 만큼 전부 접시에 덜어줍니다.

\ 사용할 색을 전부 접시에 덜어둡니다 /

\ 무광 클리어도 접시에 덜어두는 게 포인트 /

◀비행기 모형 붓도색에서는 색 변화 이상으로 광택 변화가 크게 효과적입니다. 무광 클리어를 접시에 덜어둬서, 무광 질감으로 칠하고 싶을 때마다 섞어서 사용할 수 있게 해둡니다.

▶조색할 때는 접시 바깥쪽을 사용합니다. 중앙에서 섞으면 섞고 싶지 않은 색도 섞여서 조색하기 힘들어집니다.

\ 접시 바깥쪽에서 색을 컨트롤 /

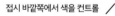

\ 어두운 회색을 만들었습니다! /

▲톰캣의 회색과 동떨어진 어두운 회색이 완성. 먼저 이걸 칠하겠습니다.

\ 표면을 살짝 덮는 정도로 OK! /

▲몰드 부분에 완전히 들어가지 않도록, 어두운 회색을 전체에 칠해줍니다.

\ 밑색이니까 이정도로 OK /

▲붓도색할 때 '모든 색을 완전히 칠하자'라고 생각하기 쉽습니다. 밑색을 완전히 차폐하지 않으면 정보량이나 분위기도 증가합니다. 각 색을 겹쳤을 때 '결과적으로 좋아보인다'라는 이미지를 가지고 칠해주세요.

# 클리어 컬러를 섞은 회색으로 기체 얼룩도 동시에 칠합니다

먼저 어둡게 조색한 검정에 가까운 회색으로 덮어줍니다. 바로 밝은 회색을 억지로 발색시키려고 하면 도막이 두꺼워집니다. 어두운 색을 묽게 칠한 다음, 점점 밝은색을 칠해가는 게 포인트입니다.

▲어두운 회색에도 클리어 브라운과 클리어 오렌지를 섞어줍니다.

▲칠할 곳은 완전히 취향대로. 키시는 패키지 일러스트를 참고로 더러워진 곳 등에 칠했습니다.

▲더러워진 회색을 칠한 게 보입니다. 이 위에 밝은 회색을 칠하면 검은 밑색과 또 다른 색감의 회색이 됩니다.

# 회색을 칠합니다!

여기서부터 본격적으로 기체 색을 칠합니다. 도료 접시에 라이트 그레이와 라이트 고스트 그레이를 덜어줍니다. 그 뒤에 먼저 쓰던 어두운 회색을 섞어가며 칠해줍니다.

**↘ 접시에 회색 2종을 덜어줍니다 ↙**

▲접시 바깥쪽에서 회색을 조색합니다. 이 회색도 그대로 칠하는 게 아니라, 먼저 칠한 어두운 회색을 섞어서 어둡게 만든 것을 칠합니다. 그리고 점점 밝은 회색으로 바꿔가며 톰캣에 그러데이션을 줍니다.

**↘ 한 곳에만 칠하지 말고!! 전체적으로 칠합시다 ↙**

▲세세하게 깨작깨작 칠하는 게 아니라, 넓은 면을 전체적으로 칠해주세요. 그러면서 전체의 색감도 확인할 수 있습니다.

**↘ 이 정도로 차이가!! ↙**

◀어두운 회색 위에 겹칠한 곳과 클리어 브라운과 오렌지를 섞은 회색을 칠한 부분이 이렇게까지 달라집니다. 겹칠할 때마다 회색을 밝게 조색해서 기체색 이미지에 근접시켜줍시다.

modeled & described by **Kishi OMORI**

# 여러 붓으로 바꿔가며 터치에 변화를 줍니다!

평붓으로만 칠하는 게 아니라, 너덜너덜한 붓으로 두드리고 가는 붓으로 선을 그리듯 칠합니다.

### \ 오래 사용한 붓은 최고의 보조 도구 /

◀오래 사용해서 끝이 벌어진 붓으로 두드리듯 칠합니다. 그러면 랜덤한 붓자국이 생기면서 그릴 때와 또 다른 불규칙한 자국을 모형에 더해줄 수 있습니다. 이것이 모형에 좋은 표정을 부여합니다.

▶두드리면서 생겨난 이 거칠고 번들번들한 느낌. 그려서는 만들 수 없는 표현도 붓을 바꾸고 사용 방법을 바꾸면 가능해집니다.

### \ 표면이 거칠거칠 번들번들!! 멋지다!! /

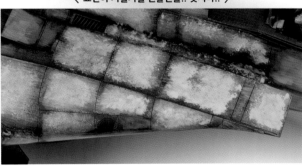

### \ 가는 붓으로 선을 그리듯 칠합니다! /

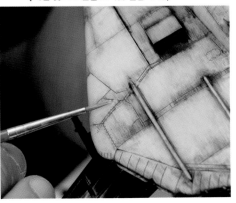

◀가는 면상필로 바꾸면 공기의 흐름을 의식한 선을 더해줄 수 있습니다.

▶새카만 덩어리가 제대로 칠해졌습니다. 아직 웨더링도 안 했는데, 이 상태에서 표면에 다양한 정보량이 담겨 있습니다.

### \ 회색 도색 완료!! /

# 엔진 노즐 칠하기

대형 제트 전투기의 특징이라고 할 수 있는 엔진 노즐 내부 표현. 도료를 잘 구사해서 리얼하게 표현했습니다.

◀타미야 에나멜 플랫 블랙에 저먼 그레이를 조금 섞은 에나멜 도료를 덧칠하고 붓과 면봉을 이용해 방사상 라인을 그려줬습니다. 그리고 이 방법은 가변익기 특유의 주익 기부에서 볼 수 있는 반원형 얼룩을 표현할 때도 사용했습니다. 얼룩의 흐름은 동봉된 이펙트 데칼을 참고했습니다.

\ 노즐 끝은 색감을 바꿔줍니다 /

▲Mr.컬러 실버로 내부를 도색. 8번 실버의 적절한 빛이 딱 어울립니다.

▶노즐 끝 부품은 더욱 열에 타버린 분위기를 내기 위해, 에나멜 도료 브라운과 오렌지 등을 추가한 색을 칠했습니다.

modeled & described by Kishi OMORI

▲마지막에는 전체에 타미야 에나멜 뉴트럴 그레이와 소량의 저먼 그레이, 플랫 블랙을 섞은 도료로 전체를 워싱하고, 반쯤 말랐을 때 에나멜 용제를 살짝 머금은 붓, 킴스와이프, 면봉으로 닦아내며 표정을 줬습니다. 자연스러운 분위기로 만들고 싶었기에, 패널라인을 강조하는 핀 워싱은 하지 않았습니다.

# 파랑은 패키지 일러스트를 참고해서 선명한 색으로!

실기와 동봉 데칼은 어두운 네이비였지만, 패키지의 색에 마음이 끌려서 이 색감을 목표로!

◀패키지는 최고의 자료입니다. 이 일러스트의 파란색이 정말 멋집니다.

먼저 어두운 파랑을 밑색으로!

▶Mr.컬러 수지 블루를 기본으로, 프탈로시아닌 블루, 저먼 그레이를 혼색해서 칠합니다.

파란색도 점점 밝게 해주는 이미지로 칠합니다

▲수지 블루를 칠해서 선명한 파란색으로 만들어갑니다

기수와 꼬리날개 색감을 체크

악센트로 헥사 블루를 추가!

▲꼬리날개 외에 기수 쪽도 파란색이 들어가니까, 칠한 뒤에 약간 떨어져서 색감을 확인합니다.

▲마지막으로 수지 블루에 헥사 블루를 소량 섞은 것으로 마무리 칠. 동봉된 데칼도 붙인 뒤에 이 색을 칠해서 주위와 색감을 맞췄습니다.

◀가까이서 보면 다양한 파란색이 발색하고 있습니다. 단색으로 칠해서는 표현할 수 없는 질감입니다.

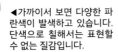

▼캐노피에 붙이는 데칼은 네이비 부분과 파일럿 네임이 같이 인쇄되어 있습니다. 네이비의 색감을 기수와 꼬리날개에 칠한 색과 맞추기 위해, 데칼을 붙이고 그 위에 칠했습니다.

데칼 위에 칠합니다

# 생활 공간과 제작 공간이 심리스로 이어진다.

오오모리 씨는 작가 일가. 가족 모두가 각자 제작 활동을 하다보니, 생활 공간과 제작 공간이 심리스로 이어진 공간에서 생활합니다. 공작 관계는 1층 방. 도색은 주로 2층 방에서 합니다. 조각가이자 프라모델을 정말 사랑하는 모델러이기도 한 오오모리 씨의 환경을 엿보겠습니다.

① 1층 제작 공간. 방문했을 때 마침 월간 하비재팬 연재 'MIXINGSCAPE'의 작례를 제작하고 있었습니다. 이렇게 오리지널 메카를 풀 스크래치로 만드는 것이 라이프 워크 중 하나입니다.
② 2층 도색 공간. 2층 주방 환풍기를 도색 부스로 개조해서 사용. 1층에 일반적인 주방이 있으니 안심하세요.
③④ 공작 방 책상에 뚫린 구멍. 여기에 의자 밑에 있는 청소기를 연결했습니다. 이 구멍 위에서 전동 라우터 등을 사용한 절삭 작업을 하면 찌꺼기가 바로 빨려 들어갑니다. 부품을 자르면 나오는 게이트 찌꺼기도 이 구멍에 넣으면 청소 끝.
⑤ 오오모리 씨의 제작 활동에 빼놓을 수 없는 정크 부품. 이쪽은 제조사나 모형 장르별로 수납 상자 안에 보관.
⑥ 스케일 모델 등의 작은 부품들이 잔뜩 들어있는 정크 부품 병조립.
⑦ 도료는 도색 책상 아래의 케이스에 메이커별로 구분해서 수납.
⑧ 모형과 제작 활동을 할 때 외에는 기본적으로 독서를 할 때가 많다고. 집안에 책이 엄청나게 많습니다.

# 붓도색 트라이브에 매료돼서!

## 「인생 첫 비행기 모형」을 「붓도색」으로 완성한 이야기

## 콜세어와 날았던 첫 대모험

프라모델을 즐기는 사람이라면 누구나 처음 만들었던 모형, 처음 도색했던 모형이 있을 것입니다. 그리고 그 소중한 기억이 잊히지 않고 새겨지는 법이죠. 그리고 틀림없이, 그때의 흥분과 정선없이 빠져들었던 기억이 있기에, 우리는 지금도 이렇게 프라모델을 즐기고 있을 것입니다.

이번에 이 책을 편집하던 중에, 저는 그런 멋진 장면과 만났습니다. 이 책을 같이 편집한 하비재팬 편집부 오오마츠 씨가, 촬영하는 중간에 「타미야 1/72 스케일 콜세어」를 만들었습니다. How to 촬영은 오랫동안 하게 됩니다. 그는 그 중간에 모델러 분과 커뮤니케이션을 하면서 콜세어를 조립했습니다. 들어보니 '인생 첫 비행기 모형 도색'이라고 했습니다. 만든 이유도 하비재팬에서 연재하는 '붓도색 트라이브' 촬영에서 모델러 분의 붓도색을 직접 보고 자극을 받았고, 이 책에서도 MG 자쿠를 만든 시미즈 케이 씨의 비행기 모형 작품집 「시미즈 케이 비행기 모형 붓도색 도색 테크닉 : SIMSONIC DESTRUCTION」(대일본회화 발간)의 붓도색을 따라하고 싶어서 시작했다고 들어서, 급하게 본지의 편성을 변경하고 그 첫 비행기 모형이자 첫 수성 하비 컬러 붓도색 체험을 수록하기로 했습니다.

완성한 콜세어를 보고, 제 마음이 크게 움직였습니다. 표면에서 춤추는 터치들에서 '모형을 정말 즐기면서 만들었다'라는 느낌이 왔기에. 그리고 부럽다!! 라고 생각했습니다. 처음 도전하는 모형 장르는 항상 두근두근의 연속. 그 두근두근과 설레임을 크게 즐긴 이 콜세어는, 그야말로 붓도색 트라이브 정신의 결정체라고 할 수 있는 멋진 비행기 모형입니다.

타미야 1/72 스케일 플라스틱 키트

## 보우트 F4U-1A
## 콜세어

제작·글/오오마츠 요쿠

TAMIYA 1/72 scale plastic kit
VOUGHT F4U-1A CORSAIR
modeled & described by York OMATSU

text / 오오마츠 요쿠

# 전부 조립한 뒤에 도색으로

이번에 처음으로 비행기 프라모델을 조립하게 된 계기는 앞서 소개했던 시미즈 씨의 책인데, 책을 읽고 그날로 바로 콜세어와 도료들을 구입했습니다.

지금까지 캐릭터 키트만 만들어 왔기에 스케일 모델의 작업 같은 것은 잘 몰랐지만, 상자를 열고 런너에서 부품을 하나 떼어낸 순간, 거기서부터 다시는 돌아갈 수 없는 즐거운 체험이 시작됐습니다. 조립한 상태에서 손에 들고 칠해나가는 감각이 정말 엄청나서, 비행기 프라모델을 만들어 본 사람만이 맛볼 수 있는 충격적인 모형 체험이었습니다.

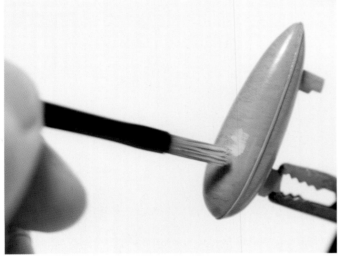

# 처음 써보는 수성 하비 컬러의 감촉

처음 본격적으로 수성 하비 컬러를 써서 칠해봤습니다. 이 책에서도 몇 번이나 소개한 대로, 시미즈 씨의 2번 칠하기 방식으로 칠하면 서 페이서를 뿌리지 않아도 색이 잘 입혀지고, 밑색이 비치는 것도 신경 쓰지 않아도 됩니다. 냄새도 적은 도료라서, 추운 시기에도 거실에서 난방을 따뜻하게 틀어놓고 붓도색을 즐길 수 있었습니다.

modeled & described by **York OMATSU**

# 시미즈 케이 씨가 보시고…

기본색을 거의 칠한 단계에서 이미 달성감을 얻어서 손에 들고 가지고 놀고, 그럴듯한 곳으로 가져가서 사진을 찍어댔습니다(프로펠러도 캐노피도 없는데…). 데칼과 웨더링도 아직 손대지 않은 이 상태인데도, 조립한 직후에는 회색이었던 콜세어를 제가 칠한 색으로 감쌌다는 데서 크게 만족했던 것 같습니다.

마침 그때 시미즈 씨의 MG 자쿠 촬영이 있어서 그 김에 이 콜세어를 보여드렸고, '처음인데 이 정도면 대단하네요'라고 해주셨습니다. 거기서 새삼 제 작품에 자신이 생겼고, 의욕에 가속도가 붙어서 돌아오자마자 바로 데칼을 붙였습니다.

modeled & described by **York OMATSU**

# 피토관이라는 게 뭔가요?

붓도색 중에 몇 번이나 손에 걸려서, 날개 끝에 있는 봉이 부러져버렸습니다. 사, 사고 쳤다… 싶어서 선배분께 얘기했더니, '이건 피토관이라는 바람을 계측하는 장치인데, 비행기 모형을 만들다 보면 한 번은 부러트리는 법이지'라는 얘기를 듣고 일단 안심. 그래서 황동봉으로 만들면 된다는 이야기도 들어서, 황동봉을 써서 적당한 길이로 만들었습니다. 모형을 만들다 보면 정말 짜증날 수도 있는 이런 파손, 수복 과정도 즐거운 건 대체 어째서일까요.

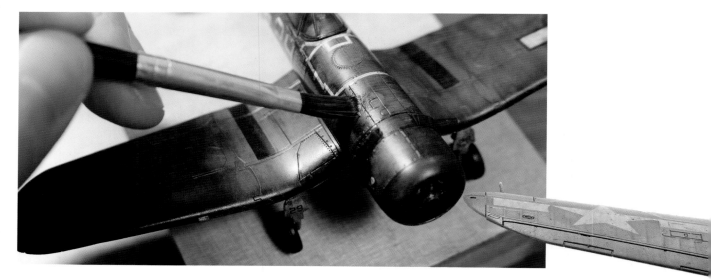

# 타미야 먹선 도료 다크 브라운의 마법

데칼은 붙인 뒤에 반광으로 코팅하고, 타미야 먹선 도료 다크 브라운을 묽게 희석해서 표면에 발라줬습니다. 그랬더니 단번에 색감이 가라앉고, 전체적으로 통일되는 데다 붓자국도 줄어들면서, 뭔가 마법이라도 걸린 것 같아서 '대단해!'라는 생각이 들었습니다. 그리고 붓자국이 경감된다는 것은 동시에 붓도색의 장점이 사라진다는 뜻도 되니까, 용제를 머금은 면봉으로 먹선 도료를 닦아내서 제 손으로 그 마법을 풀고 붓터치를 부활시켰습니다.

# 콜세어와의 여행

타미야 에나멜 다크 그레이로 스펀지 치핑한 곳도 먹선으로 자연스럽게 처리해주니까 적절한 웨더링이 됐습니다. 데칼 위에 기체색을 드라이 브러시하는 느낌으로 얹어주는 퇴색 표현도 아주 잘 먹혀서, 납득할 수 있는 완성도가 됐습니다.

제 첫 비행기 모형 전체 도색은 '스케일 모형이 이렇게 재미있구나!'라고 알게 된, 너무나 소중한 경험이었습니다. 접합선이나 칠한 수준 등, 비행기 모델러 분들이 보시면 '아직 멀었네'라고 할 부분도 당연히 있을 것입니다. 하지만 이런 문제점을 '다음엔 이렇게 해보자'라 고, 하나하나 해결해나가는 데도 프라모델 실력 향상의 즐거움이 있다는 걸 새삼 깨달았습니다.

만약 이 책을 보시고 조금이나마 새로운 장르의 프라모델에 도전해보고 싶다, 새로운 도료를 써보고 싶다고 생각하셨다면 꼭, 부담 없 이 도전해보세요. 지금이라도 늦지 않았습니다! 거기에는 지금까지 알지 못했던 경치가, 모험이 틀림없이 기다리고 있을 것입니다.

# BEDFORD'

modeled & described by Yasuhiro OKUGAWA

24 HOUR SERVICE
*Dial*
DAY 75-2211
NIGHT 75-2433
SERVICE AND REPAIR FINEST QUARITY

BEDFORD SOUTH LANE
GARAGE

RICHARD
& S
GAR
TOWING &
EST

# OSB'

## 붓과 함께 하는「웨더링」, 그 즐거움을 찾아서.

모형에 더러움을 더해주는「웨더링」, 이 공정과「붓도색」은 떼려야 뗄 수 없습니다. 캔 스프레이나 에어브러시로 칠한 모형, 전부 붓도색으로 칠한 모형이라도 웨더링에서는 반드시 붓을 사용합니다. 그래서 이 작례는 웨더링에 초점을 두고 전해드립니다.「웨더링」이라면 웨더링 도료를 마구 뿌려대는 이미지를 가진 분도 계시겠지만, 이 기사를 읽으면 적은 수고와 적절한 소재로 멋지게 더럽힐 수 있다는 걸 알게 되실 것입니다.

**EMHAR 1/24 스케일 플라스틱 키트**
## 베드포드 견인차
제작·글/오쿠가와 야스히로

EMHAR 1/24 scale plastic kit
modeled & described by Yasuhiro OKUGAWA

**1/24 베드포드 견인차**
● 발매원/EMHAR, 판매원/바우만
● 7,776엔, 발매 중 ● 1/24, 약 20cm ● 플라스틱 키트

EMHAR 1/24 scale plastic kit BEDFORD'OSB'

Ⓐ 실제도 본 그레인을 잡고도, 스텐실을 사용한 지저분하고 번진, 여수지개를 구사한 듯 표현이 돋보입니다.
Ⓑ 짐칸 안쪽과 바닥면도 제대로 웨더링. 나무 부분은 덱 탄 같은 색으로 칠한 뒤에 웨더링 컬러 그라운드 브라운과 스테인 브라운을 살짝 칠해서 나무의 질감과 얼룩을 표현했습니다.
Ⓒ 얼핏 보이는 시트는 반광으로 가죽 느낌. 전체가 무광인 작품 속에서 악센트가 됩니다.

**오쿠가와 야스히로**
자동차와 정경으로 많은 이들을 매료시키는 모델러. 2017년에는 하비재팬에서 월 아트 연재를 게재. 어떤 모형이건 많은 사람을 끌어들이는 정경 작품으로 만드는 최강 모델러. 저서로 『랜드스케이프 크리에이션 1~3』(대일본회화 간행).

# 자신의 망상을 보다 '그럴듯한 것,으로…

**—오쿠가와 씨와 모형의 만남에 대해 말씀해주세요.**

오쿠가와 : 어릴 적에 아버지가 모형을 만드실 때 옆에서 구경하는 걸 좋아했습니다. 자동차 모형이었죠. 벽장 제일 높은 칸을 열어보면 지금의 아메리칸카 프라모델처럼 높은 사각형 상자가 잔뜩 쌓여 있었습니다. 지금 생각하면 전부 보물이었겠죠. 그 그래픽이 정말 멋졌습니다. 아버지는 색도 칠하지 않고 조립만 하셨죠. 하지만 어린애한테 색칠은 상관없었습니다. 부품들이 점점 자동차 모양이 되어가는 모습을 두근두근하면서 지켜봤죠. 거기서부터 축소된 세계를 '좋아하는' 마음이 시작됐습니다. 울트라맨 시리즈에 나오는 빌딩이나 시가지 세트, 당시 아이들이라면 누구나 만들어봤을 타미야 밀리터리 미니어처 시리즈. 캄프그루페젠(일본의 유명 모형 제작 서클-역주)의 디오라마. 여기서부터 작은 세계에 완전히 사로잡혀 버렸죠. 하지만 그게 계속 이어진 건 아니었습니다. 고등학생이 되자 패션이 취미가 됐고, 그림 그리기를 좋아하던 것도 있어서 일러스트, 인테리어, 음악, 자동차 등등 당연한 청소년의 취미를 가졌습니다. 그리고 그 당연한 것이 끝난 게 1990년이었습니다. 다시 모형과 만났죠. 그리고 사실은 그 재회 때부터 붓도색에 빠졌습니다.

**—그 전에는 붓도색을 거의 안 하셨던 건가요?**

오쿠가와 : 예. 예전에는 에어브러시를 써서 열심히 칠했는데, 그 뒤로는 밑색은 캔 스프레이로 칠하고 그 위에 바예호 같은 수성 도료로 붓도색을 했죠. 팔레트 위에 여러 색들이 늘어서 있으면 그림을 그리는 기분이 들어서 즐겁습니다. 그리고 붓도색은 에어브러시와 비교해서 청소 같은 것이 편하다는 게 중요한 이유일지도 모릅니다. 칠할 때의 기분도 편합니다. 저는 기본적으로 웨더링이라는 어레인지를 추가하기에 붓자국도 신경 쓰지 않고 칠할 수 있다는 게 좋고, 그 의도하지 않고 우연히 생긴 붓자국을 녹 표현 등에 잘 활용할 수 있다는 점도 즐겁습니다. 굳이 밑색을 수채화처럼 묽게 칠하고 튀게 해서 표정을 즐기는 경우도 있습니다. 아무튼 붓도색은 즐겁고, 좋은 점들 투성이입니다.

**—오쿠가와 씨가 모형 제작에서 소중히 여기는 점은?**

오쿠가와 : 사춘기때 봤던 잡지 사진이나 일러스트, TV 드라마의 장면 등에서 저만의 장면을 망상하고, 그림을 그리거나 사진을 찍었습니다. 이런 풍경 속에 이 차가 있으면 아름답겠다. 반대로 이 차는 이런 풍경 속에 있었으면 좋겠다. 자유로운 설정이니까 세계가 계속 펼쳐져 가죠. 이 망상을 펼치기 위해 다양한 것들을 보고 있습니다. 보고 배운 지식과 이미지가, 보다 즐겁고 자유로운 모형 표현으로 저를 이끌어주는 게 아닌가 싶습니다.

# 오쿠가와 씨의 눈!! 👓
## 모형을 만들기 전의 필드 워크

오쿠가와 / 일단 '멋지다! 가 제일'을 우선하고 키트를 선택. 그리고 트럭이 아닌 크레인이 달린 견인차로 했습니다. 로고와 문자를 넣을 수 있는 공간이 넓다는 점도 개인적으로는 고득점!!

자유. 마음대로 만든다… 그렇다고 엉망진창을 좋아하는 건 아니고, 거짓말도 그렇게 좋아하지 않는다. 이래도 되지 않을까? 어딘가에 있을 것 같다. 이런 풍경을 본 것 같다. 현실을 그대로 재현하는 게 아니라 현실에 있어도 이상하지 않을 것 같은 풍경과 물건을 자유롭게 만드는 걸 좋아합니다. 그래서 모형을 만들 때는 가까이에 있는 것을 보러 가고는 합니다. 이번에 트럭에는 어떤 흠집과 녹이 생기는지 실제로 보러 갔습니다. 이렇게 해서 실제로 본 것에 모형적인 즐거움을 담을 수 있다고 생각합니다. 너무나 즐겁습니다. 정말로.

◀칠 벗겨짐과 녹, 얼룩의 흐름을 체크!! 이것을 모형에 반영하는 게 정말 즐겁다!

\ 크레인의 얼룩은 어떨까? /

\ 멋진 크레인 /

▲영국 모형 메이커 EMHAR에서 발매한 '1/24 베드포드 견인차'

▶트럭 측면도 이렇게 흠집이 생깁니다. 내 차라고 생각하면 오싹하지만, 최고의 자료입니다.

\ 측면의 흠집과 녹 /

▲의외로 측면 같은 바깥에만 눈이 가지만, 트럭은 다양한 것을 싣기 때문에 안쪽에도 대미지가 심합니다.

\ 짐칸 안쪽도 보자 /

\ 짐칸 벽 /

▲자잘하게 칠이 벗겨진 곳, 크게 벗겨진 곳 등은 모형의 웨더링에서 강약을 주는 데 딱 좋습니다.

\ 이것이 트럭의 대미지 /

◀그야말로 트럭다운 대미지가 집중되는 곳. 어떤 소재를 사용할지 뇌가 풀로 돌아갑니다.

# 붓 터치로 얼룩과 녹을 그려간다

오쿠가와 씨의 웨더링 포인트는 '도료를 전체에 바르지 않는 것'. 워싱이라고 부를 정도는 아니고, 먹선→웨더링 도료를 핀포인트로 찍고 흐리기→작은 흠집 그리기. 이 세 가지를 반복합니다. 사용하는 붓도 타미야 3종 세트에 들어 있는 극세 붓. 그럼 바로 보도록 하겠습니다.

\ 웨더링 개시

▶웨더링은 각 색을 구분해서 칠하고, 데칼까지 붙인 뒤에 시작합니다. 먼저 빗물 자국과 얼룩을 넣습니다.

modeled & described by Yasuhiro OKUGAWA

## \ 아주 편리한 그라운드 브라운 /

▲빗물 자국 등의 갈색 얼룩에는 'Mr.웨더링 컬러 그라운드 브라운'이 아주 편리. 전용 웨더링 컬러를 희석액으로 적당히 희석해서 사용합니다.

먼저 먹선부터!

▶그라운드 브라운을 키트의 몰드에 흘려 넣습니다. 먹선도 되지만, 이것을 아래 방향으로 쓸어주면 빗물 자국이 됩니다.

## \ 퍼트리듯 닦아줍니다 /

▲웨더링 컬러 전용 희석액을 머금은 면봉으로, 흐릿하게 퍼트리듯 닦아줍니다. 캐릭터 모델처럼 깔끔하게 닦아내면 얼룩처럼 보이지 않습니다. 면봉을 아래로 움직이면 빗물 자국 같은 표현이 나옵니다.

## \ 점점이 찍은 도료를 퍼트립니다 /

▲웨더링 컬러 그라운드 브라운을 곳곳에 점점이 찍어줍니다. 이것을 면봉으로 퍼트리듯이 표면을 더럽힙니다. 이렇게 하면 더러운 부분과 깔끔한 부분의 완급이 생기면서 표정이 풍부해집니다.

작업 완료!!

▲전체에 그라운드 브라운을 바르는 게 아니라, 먹선을 넣은 주변에 퍼트린다. 점점이 찍은 도료를 퍼트리듯 표면을 더럽힌다. 이 두 가지만으로도 충분히 분위기 있는 웨더링이 됩니다.

# 피그먼트를 사용한 녹 표현

웨더링 컬러에다 피그먼트까지 사용해서 가루 같고 입체적인 녹 표현이 가능합니다. 한 가지가 아니라 세 가지 정도 색을 준비하세요. 아크릴 용제로 정착시킵니다.

가루 도료를 사용합니다!

타미야 아크릴 용제가 포인트

▲붓끝에 타미야 아크릴 용제를 아주 조금 묻혀줍니다. 이 붓으로 피그먼트를 집고 모형에 칠해줍니다. 이것만으로도 피그먼트가 잘 정착합니다.

녹슬 것 같은 곳에 콕콕 찍어줍니다

▲가는 선을 그리듯이 녹을 표현합니다. 실패해도 아크릴 용제를 머금은 면봉으로 닦으면 지워지니까, 만족할 때까지 재도전하세요.

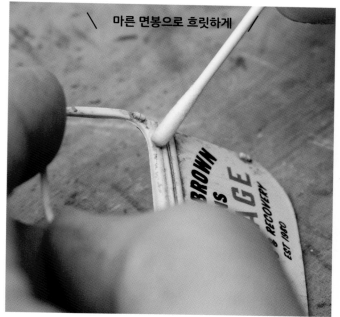

마른 면봉으로 흐릿하게

▲녹을 그린 부분을 마른 면봉으로 문지르면 좋은 느낌으로 흐릿해집니다. 이것이 녹의 질감에 변화를 줍니다. 변화를 주고 싶은 부분만 문질러주세요.

완성!!

▲녹의 정도에 따라 색을 바꾸며, 같은 것을 반복합니다. 흰색이 깔끔한 곳, 빗물 자국, 다양한 표정의 녹이 존재하는 멋진 문이 완성됐습니다.

# 면봉을 사용한 표현. 붓만으로는 표현할 수 없는 웨더링이 있다

붓도색 웨더링을 도와주는 것이 면봉. 여기는 면봉이 크게 활약하는 웨더링을 소개. 아주 간단하면서 정말 멋있어집니다. 이게 하고 싶어서 자동차 모형을 만들고 싶어집니다.

modeled & described by Yasuhiro OKUGAWA

후드를 녹슬게 합니다

▲트럭의 후드는 도색이 벗겨지고 녹이 잔뜩 슨 이미지로 하겠습니다. 먼저 마호가니를 칠합니다.

타미야 가는 면봉을 사용!

▲타미야 크래프트 면봉(둥근, XS 사이즈)는 품질이 발군! 여기에 타미야 아크릴 용제를 살짝 머금고, 면봉 끝에 피그먼트를 묻힙니다.

두드리면 끝!!!

▲면봉 끝으로 모형을 톡톡 두드리면 끝!! 이걸로 충분합니다.

멋지게 녹슬었습니다.

▲후드에 녹이 올라왔습니다. 상태를 보면서 전체에 찍어주세요.

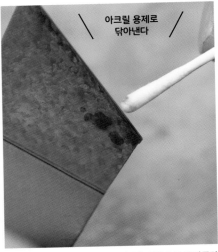
아크릴 용제로 닦아낸다

▲찍어준 뒤에 아크릴 용제를 머금은 면봉으로 중간중간 닦아내서 녹의 양을 조절합니다. 적당히 닦으면 되니까 조절도 간단! 재미있습니다.

붓으로 어두운 녹을 추가

▲밝게 칠한 녹 위에 어두운 녹을 올려주면 얼룩에 깊이가 생기고 보다 입체적인 느낌을 줍니다.

다양한 색의 녹을 올려줍니다

▲면봉으로 대략적으로, 붓으로 자잘한 색을 콕콕 올려주면 점점 표정이 풍부해집니다.

후드가 멋지게 녹슬었습니다!

▲왼쪽과 오른쪽을 비교해보세요. 멋지게 녹슬었습니다. 면봉으로 톡톡하는 1단계에서도 충분히 멋있었으니까, 일단 가볍게 두드려보세요. 너무 재미있어서 중독됩니다!

# 웨더링을 고려한 붓도색

트럭 일부에 밝은 파란색을 칠합니다. 전체에 웨더링 하는 것을 전제로 칠하니까, 붓자국이나 밑색이 비쳐도 신경 쓰지 마세요! 오히려 그게 도움이 됩니다. 웨더링과 붓도색은 정말로 상성이 좋습니다.

바예호를 사용합니다

붓자국은 신경 쓰지 말고!

▶래커 도료로 칠한 뒤에 붓도색할 때 '수성 도료'는 밑색을 녹이지 않아서 아주 편리. 바예호는 발색, 퍼지는 성능 모두 아주 뛰어나고, 물만 있으면 희석도 붓 세척도 가능해서 최고입니다.

▲먼저 전체를 칠하는 데 집중. 파란색이 되기만 하면 그만입니다. 삐져나오는 것만 신경 쓰세요. 바예호는 삐져나와도 마르기 전이라면 물, 마른 뒤에는 알칼리성 전해수를 머금은 면봉으로 닦아내면 됩니다.

◀전체를 칠하는 데 집중해 주세요. 파란색이 되기만 하면 그만입니다.

이 정도로 얼룩덜룩해도 괜찮습니다▶

종이하는 느낌을 목표로

◀밑색이 비치는 정도나 붓자국은 여러분의 취향을 드러내도 되는 부분. 원하는 수준 까지 칠해보세요.

| EMHAR 1/24 scale plastic kit BEDFORD'OSB' |

# Mr.웨더링 컬러로 더럽히자!

웨더링 컬러로 더럽히자

구석에 면봉이 안 들어간다

면봉 끝을 눌렀습니다!

디테일 구석은 웨더링이 효과적

▲마르면 문과 같은 방법으로 더럽혀줍니다. 그라운드 브라운 외에 스테이 브라운도 사용. 스테이 브라운은 피그먼트와 다르게 거친 녹을 간단히 표현할 수 있습니다.

▲디테일 단차의 구석을 더 공략하고 싶은데… 이럴 때는…

▲아주 간단하지만 엄청 효과적. 이걸로 구석에 들어간 웨더링 컬러를 처리해서, 원하는대로 연출할 수 있습니다. 아주 효과적입니다.

▲이런 부분에서 녹이나 얼룩이 흘러내리는 게 정말 멋집니다. 세세한 부분이지만, 이런 부분이 완성했을 때 전체 분위기를 끌어 올려줍니다

BEFORE

AFTER

◀▶표정이 이렇게까지 달라집니다! 붓으로 칠한 파란 부분이 악센트 컬러가 돼서 최고로 멋집니다.

# 더 즐길 수 있는 녹과 흠집 표현

여기서부터는 이쑤시개가 등장. 붓도색, 면봉 찍기에다 이쑤시개를 사용해서 더 멋지게 더럽히겠습니다.

modeled & described by Yasuhiro OKUGAWA

▲긁힌 것 같은 흠집과 녹을 추가하겠습니다.

\ 천장에 녹을 스탬프 /

▲후드와 마찬가지로 피그먼트를 묻힌 면봉으로 녹을 찍어주세요.

\ 녹이 흘러도 OK! /

▲천장에서 녹 얼룩이 흘러내린 것 같은 움직임을 줘도 좋습니다. 아크릴 용제를 머금은 면봉으로 녹을 쓸어서 흘려줍니다.

\ 이쑤시개에 아크릴 용제를 묻힙니다 /

▲천장의 피그먼트가 마르면 이쑤시개가 등장. 이쑤시개에 아크릴 용제를 묻힙니다.

\ 긁어주세요!! /

▲굳은 피그먼트를 이쑤시개 끝으로 박박 깎는 느낌으로 긁어줍니다. 이것이 표면에 좋은 텍스처를 부여합니다.

\ 이쑤시개로 칠합니다!! /

▲이쑤시개는 긁힌 상처의 스페셜리스트. 자동차는 물론이고 전차나 로봇에도 사용할 수 있습니다. 아크릴 용제를 묻힌 이쑤시개에 어두운 녹 색깔 피그먼트를 묻힙니다.

\ 긁어봅시다! /

▲슥 긁어주기만 해도 붓으로는 그리기가 조금 힘든 샤프하고 스피디한 선이 그려졌습니다. 멋진 긁힌 상처를 간단히 표현할 수 있습니다.

\ 완성! /

▲아주 리얼한 흠집을 표현할 수 있으니까 꼭 도전해보세요.

▶붓도색으로 시작해서 면봉과 이쑤시개까지 동료로 삼아서 모형을 멋지게 더럽혀간다. 그 모습은 그야말로 트라이브. 붓을 필두로 동료들이 모입니다. 그리고 붓으로 칠한 곳에 웨더링을 해주면 붓의 얼룩과 어우러지며 단숨에 멋진 표정으로 변화합니다. 이 변화가 재미있어서 에어브러시만이 아니라 붓도색으로 색을 구분합니다. 여러분의 모형에도 붓도색할 곳을 추가해서, 평소와 다른 표정을 더해보세요.

오쿠가와 야스히로의 붓도색 스타일

# 아름다운 경치를 즐기고 여유 있는 공간에서 모형을 즐긴다

오쿠가와 씨는 일본 나가노현 오기노에 거주. 아름다운 자연을 즐기면서 일과 취미인 모형을 만들고 있습니다. 제작 방도 오쿠가와 씨가 좋아하는 세계관이 곳곳에 있는 멋진 공간입니다.

1 자택의 한 방을 모형 방으로. 자연광이 들어오도록 창문도 있습니다. 책상 아래에 있는 바퀴 달린 사이드 테이블에 필요한 공구를 수납합니다.
2 오쿠가와 씨는 창고나 멋지고 작은 집, 차고를 판매하는 '주식회사 그린 벨'에서 그래픽과 건물 디자인을 맡고 있습니다. 직장은 저희가 오쿠가와 씨의 정경 세계 속에서 1/1 스케일 피규어가 된 것 같은 기분을 맛볼 수 있는 곳입니다(그린 벨 HP/ https://www.green-bell.co.jp).
3 오쿠가와 씨의 디자인 센스를 느낄 수 있는 그린 벨의 카탈로그. 모형에 곁들여도 멋있어서 작례 페이지에서도 등장했습니다.

4 자택에서 야츠가타케산이 보입니다. '매일 이 경치를 볼 수 있는 것만으로도 행복한 인생'이라는 말이 진심인 것 같습니다.
5 나가노현 마츠모토시에 있는 '분쿄도 JOY B's Hobby 마츠모토점'에서는 오쿠가와 씨의 작품을 다수 볼 수 있습니다. 마츠모토 역에서 도보로 5분 정도니까 꼭!!
6 오쿠가와 씨의 모형 제작 이미지에 큰 영향을 주는 카타오카 요시오 씨의 책. 책 속의 풍경 사진이 정경 작품이나 단품 작례에 참고가 됩니다.
7 잡지의 좋아하는 기사를 스크랩. 사진을 붙이면서 모형으로 만들면 이런 느낌이려나~ 같은 망상 메모도 적어뒀습니다.

# 실력파 모델러의 프라모델 붓도색 테크닉

모델 제작

  横山宏
  清水圭
  きの助
  武蔵
  國谷忠伸
  ふりつく
  むっちょ
  ぷらシバ
  大森記詩
  大松耀久
  奥川泰弘

집필·편집

  丹文聡 [BunSou production.]

편집

  大松耀久
  今井貴大

협력

  주식회사 반다이 남코 필름웍스
  주식회사 빅웨스트 프론티어
  주식회사 도쿠마쇼텐
  白石学[무사시노 미술대학 교수]
  MAX渡辺
  KATOOO[rainbow egg]
  こいでたく
  バーキタカミ
  林菜穂

디자인

  小林歩

촬영

  本松昭茂[STUDIO R]
  岡本学[STUDIO R]
  塚本健人[STUDIO R]
  河野義人[STUDIO R]
  葛貴紀[이노우에 사진 스튜디오]
  大村祐里子[하베스트 타임]
  이다다이스케 스튜디오
  丹文聡[BunSou production.]
  大松耀久

## 실력파 모델러의 프라모델 붓도색 테크닉

초판 1쇄 인쇄 2025년 6월 10일
초판 1쇄 발행 2025년 6월 15일

저자 : 하비재팬 편집부
번역 : 김정규

펴낸이 : 이동섭
편집 : 이민규
디자인 : 조세연
기획·편집 : 송정환, 박소진
영업·마케팅 : 조정훈, 김려홍
e-BOOK : 홍인표, 최정수, 김은혜, 정희철, 김유빈
라이츠 : 서찬웅, 서유림
관리 : 이윤미

㈜에이케이커뮤니케이션즈
등록 1996년 7월 9일(제302-1996-00026호)
주소 : 08513 서울특별시 금천구 디지털로 178, B동 1805호
TEL : 02-702-7963~5 FAX : 0303-3440-2024
http://www.amusementkorea.co.kr

ISBN 979-11-274-9032-4 13630

Sugoude Modeler no Plastic Model Fudenuri Style
©HOBBY JAPAN
©SOTSU・SUNRISE
Originally Published in Japan in 2023 by HOBBY JAPAN Co, Ltd.
Korea translation Copyright©2025 by AK Communications, Inc.